Neue Auflage • Neue Wege Neue Gasthöfe

Wandern und Einkehren
Hohenlohe

Naturpark Schwäbisch-Fränkischer Wald, Jagsttal, Kochertal, Hohenloher Ebene, Mainhardter Wald, Waldenburger Berge

Historische Rundgänge – Ortsbeschreibungen
Belsenberg, Crailsheim, Forchtenberg, Großcomburg, Ingelfingen, Jagsthausen, Kirchberg/Jagst, Kleincomburg, Kloster Schöntal, Krautheim, Langenburg, Mainhardt, Michelfeld, Möckmühl, Niedernhall, Oberrot, Öhringen, Schöntal, Schwäbisch Hall, Vellberg, Waldenburg

Lehrpfade
Geologische, naturkundliche und Weinlehrpfade

Die Region **Hohenlohe** mit ihren bewaldeten Bergen, sanften Rebhängen und unzähligen Burgen und Schlössern ist eine Idylle für Erholungssuchende. Herrliche Wanderwege führen vorbei an klaren Bächen, versteckten Weilern und sagenumwobenen Ruinen zu wahren kulturhistorischen Kleinoden. Abseits ausgetretener touristischer Pfade weist dieser Wander- und Gastronomieführer in 60 exakt beschriebenen Wanderungen die schönsten Wege zwischen Neckarsulm und Crailsheim, Krautheim und Murrhardt. Dabei kommen nicht nur Naturliebhaber auf ihre Kosten, denn Hohenlohe hat auch kulturgeschichtlich einiges zu bieten. Die berühmte Treppe von Schwäbisch Hall, das Kloster Schöntal mit seiner barocken Pracht oder das zauberhafte Schloß Langenburg – sie alle lassen jahrhundertealte Geschichte lebendig werden. Eine Geschicht... sich nicht nur erwandern, sondern auch ... kannten Touristikstraßen wie d... Straße oder der Schwäbische... der Schwäbischen Weinstraße... erinnert, daß zu einer gelunge... liche Einkehr gehört. Wo die ... den und die lohnendsten Au... ...ischen geboten werden, erfährt der Wa... auch der „reine Einkehrer“ in diesem Buch.

W0409712

Ein Buch für Genießer

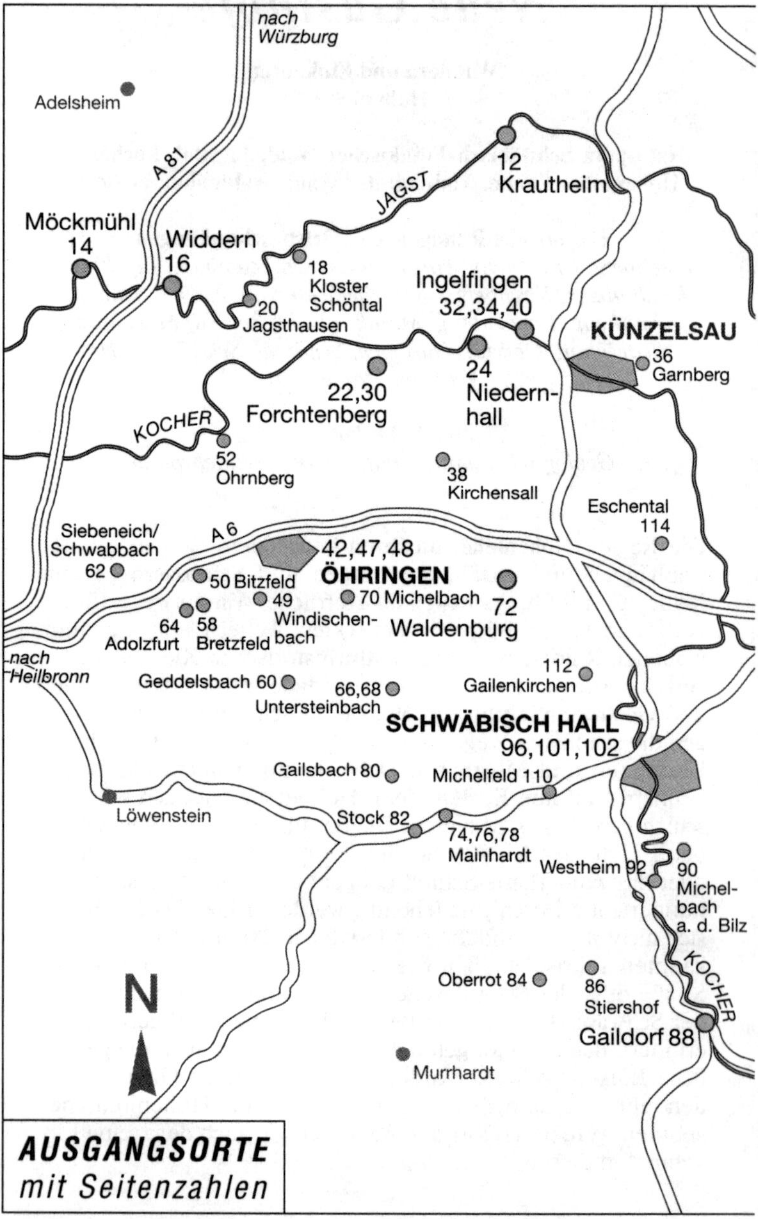

AUSGANGSORTE
mit Seitenzahlen

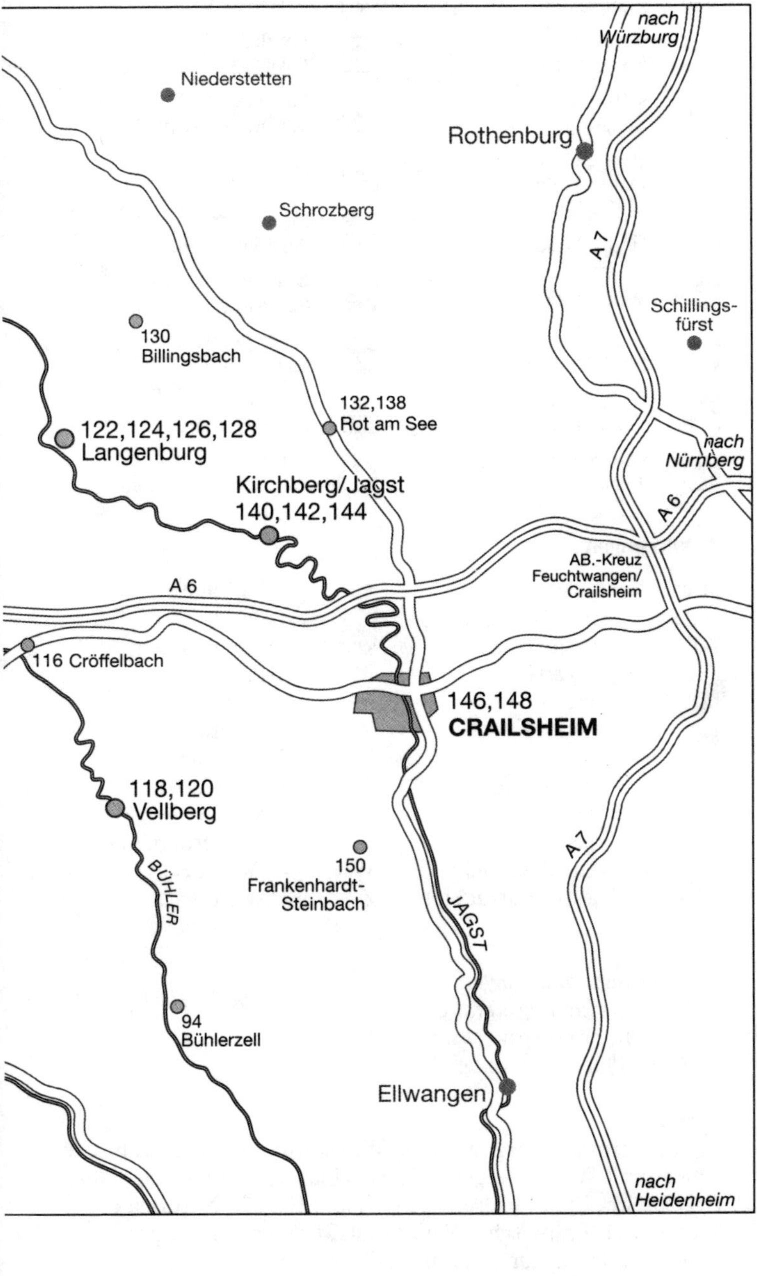
nach Würzburg
Niederstetten
Rothenburg
Schrozberg
A 7
Schillings-fürst
130 Billingsbach
132,138 Rot am See
122,124,126,128 Langenburg
nach Nürnberg
Kirchberg/Jagst 140,142,144
A 6
AB.-Kreuz Feuchtwangen/ Crailsheim
A 6
116 Cröffelbach
146,148
CRAILSHEIM
118,120 Vellberg
A 7
150 Frankenhardt-Steinbach
BÜHLER
JAGST
94 Bühlerzell
Ellwangen
nach Heidenheim

Symbole und Zeichen

- eindrucksvolle Landschaft
- mittlere Steigungen
- stärkere Steigungen
- etwa zur Hälfte Wald
- über die Hälfte Wald
- Weinberge
- prägnanter Fluß/Bach
- romantischer Wasserfall
- schöner See/ Teich
- markante Felsen
- Höhle/ Grotte
- teilweise schöne Aussicht
- großartige Rundblicke
- lohnender Aussichtspunkt
- Burgen und Schlösser
- sehenswerte Sakralbauten
- historische Profanbauten
- (!) auf die Wegführung achten

Abkürzungen

abw	=	abwärts
AP	=	Aussichtspunkt
AT	=	Aussichtsturm
aufw	=	aufwärts
br	=	breit
ger	=	geradeaus
gr	=	groß
i	=	Tourist-Info
kl	=	klein
li	=	links
ND	=	Naturdenkmal
NSG	=	Naturschutzgebiet
P	=	Parkplatz
P	=	Parkhaus
P	=	Tiefgarage
Pl	=	Platz
re	=	rechts
Ri	=	Richtung
Ru	=	Ruhetag
Std(n)	=	Stunde(n)
Str	=	Straße
Wbh	=	Wasserbehälter
Ww	=	Wegweiser
Z	=	Wegzeichen

Markierungsabkürzungen

MA = Markierungsanfang
MW = Markierungswechsel
OM = Ohne Markierung

Karten

Landesvermessungsamt Baden-Württemberg: Topographische Karten mit Wanderwegen 1:50000 (Blatt 12 Schwäbisch Hall-Crailsheim; Blatt 13 Ellwangen-Aalen; Blatt 28 Naturpark Schwäbisch-Fränkischer Wald; Blatt 31 Odenwald Südost). – Topographische Karte 1:35000 (Kirchberg a. d. Jagst)

Wandern und Einkehren

Hohenlohe

u.a. Kocher- und Jagsttal,
Schw. Hall, Mainhardter Wald,
Waldenburger Berge

- Herrliche Wanderwege
- Gemütliche Gasthöfe
  Hotels und Pensionen
- Anfahrtsstrecken
- Parkmöglichkeiten

nach den Wanderungen von
Vagabundus
Wanderer zwischen Weg und Wirtschaft

herausgegeben von
Georg Blitz und Emmerich Müller

Ein Wanderführer im
Drei Brunnen Verlag Stuttgart

Einbandgestaltung: Jürgen Reichert

Titelfoto: Kloster Schöntal

Wanderungen: Doris Baumann
Georg Blitz
Paul Dorsch
Erika Dritter
Annimarie Hirschbach
Dieter Klapschuweit
Wolfgang Schneider
Andreas Simon
Klaus Stellmacher
Wolfgang Warweg
Ernst Weidner
und Vagabundus

Karten und Skizzen: Ingenieurbüro artic, Karlsruhe, Duisburg

Alle Abbildungen in dieser Ausgabe sind urheberrechtlich geschützt. Die Veröffentlichung erfolgt mit freundlicher Genehmigung der zuständigen Städte, Gemeinden und Verkehrsämter.

Bildnachweise: Dieter Klapschuweit (S. 25 o.), Peter Zorn (S. 25 u., 26), Frieder Grindler (S. 27 o.), Anton Florian (S. 27 u.), Archiv Bürgermeisteramt Jagsthausen (S. 28), Stadt Ingelfingen (S. 53 o.), Stadt Mainhardt (S. 53 u.), Fremdenverkehrsgemeinschaft Hohenlohe e. V. (S. 54, 136 o.), Fotoarchiv Stadt Öhringen (S. 55 o., 56), Stadt Waldenburg (S. 55 u., 136 u.), Wilhelm Pabst (S. 105), Edm. v. König (S. 106 o., 106 u.), Hans Kubach (S. 107 o.), Mehlmann, Krautheim (S. 107 u.), Gemeinde Michelfeld (S. 108 o.), Hans Weiss (S. 108 u.), Foto Weller, Schwäbisch Hall (S. 133 o.), Archiv Bürgermeisteramt Langenburg (S. 133 u.), Erwin Hanselmann (S. 134 o.), Archiv Hohenlohe-Franken-Touristik (S. 134 u.), Karl-Heinz Wüstner (S. 135 o., 135 u.)

Die Deutsche Bibliothek – CIP Einheitsaufnahme
Hohenlohe : u. a. Kocher- und Jagsttal, Schw. Hall, Mainhardter Wald, Waldenburger Berge / nach den Wanderungen von Vagabundus hrsg. von Georg Blitz und Emmerich Müller. - 2., überarb. und erg. Aufl. - Stuttgart : Drei-Brunnen-Verl., 1997
(Wandern und Einkehren ; 10)
1. Aufl. u. d. T.: Matthes Bernd: Hohenlohe
ISBN 3-7956-0201-7

ISBN 3-7956-0201-7
2., überarb. und ergänzte Auflage 1997
Alle Rechte dieser Auflage vorbehalten.
© 1997 by Drei Brunnen Verlag, 70191 Stuttgart, Friedhofstraße 11

Druck: Druckerei Göhring, 71334 Waiblingen, Seewiesenstraße 27

Inhalt

Wichtige Hinweise

Lieber Wanderfreund,
damit Sie den größtmöglichen Gewinn aus dem Gebrauch dieses Wander- und Gastronomieführers ziehen können, sollten Sie die folgenden Vorbemerkungen beachten:

• **Weg und Zeit** – Bei diesen Angaben ist im Grunde die *Kilometerangabe* entscheidend. Die *Zeitangabe* bedeutet *reine Gehzeit bei einer durchschnittlichen Wegstrecke von 4 km pro Stunde* auf der Ebene oder bei leichten bis mittleren Steigungen. Bei stärkeren Steigungen verringert sich diese Durchschnittsleistung etwas. Einen Hinweis erhalten Sie durch das entsprechende *Symbol.*

• **Wegmarkierungen** – Die Markierungen durch den äußerst engagierten *Schwäbischen Albverein* und durch örtliche Institutionen sind vorbildlich.

• **Markierungsangaben** – Die *Marginalien* am Seitenrand dienen der besseren Hervorhebung einer Angabe im Textteil. Sie gelten jeweils bis zum nächsten Randvermerk. Allerdings finden sich bei den Wegbeschreibungen zur besonderen Hervorhebung verschiedentlich auch Wiederholungen der Zeichen lediglich innerhalb des Textes.

• **Wegeskizzen** – Sie dienen dazu, Ihnen eine Übersicht zu vermitteln, damit Sie keine groben Fehler machen. Beachten Sie bitte zur Ausrichtung der Skizze den *Nordpfeil!*

• **Wort-Abkürzungen** – Sie sind wanderwegbezogen und daher leicht verständlich. Sie dienen nicht etwa der schnelleren Lesbarkeit, sondern der Platzersparnis, weil eine *exakte Wegbeschreibung* sehr viel Raum in Anspruch nimmt.

• **Rundwege** – Eine Wanderung kann selbstverständlich bei jedem Gasthof des Rundweges aufgenommen werden.

• **Geschichte – Kunst – Kultur** – *Vagabundus*, Historiker und Kunsthistoriker, stellt jeweils in knapper Form das geschichtliche, kunstgeschichtliche und kulturelle Umfeld eines Weggebietes vor, um dadurch das Erlebnis einer Wanderung wesentlich vertiefen zu helfen.

• **Parken** – Wer einen *Gästeparkplatz* benutzt, sollte in diesem Gasthof auch wirklich einkehren!

• **Hotels – Gasthöfe – Restaurants – Weinstuben – „Besen“** – Durch eine glückliche Hand bei der sorgsamen Auswahl, verbunden mit einem großen Engagement profilierter Gastronomen, ist es gelungen, für Wanderer und Wandergruppen, Spaziergänger, Ausflügler oder auch „reine Einkehrer“ hervorragend geeignete Betriebe aufzunehmen.
Die hier genannten Einkehrziele zählen zum Empfehlenswertesten, was die Gastronomie dieser Region zu bieten hat.
Selbstverständlich kann es durch Besitzer- oder Pächterwechsel

nach Drucklegung immer wieder einmal zu Veränderungen von Angebot, Qualität, Preis, Öffnungszeit und Ruhetag kommen. Einige Betriebe bieten sich nicht nur für den Wanderweg, sondern auch zum reinen Schlemmen an. Das ist dann jeweils textlich vermerkt.

• **Viel Spaß** auf Ihren Wanderwegen wünscht Ihnen Ihr
Vagabundus per pedes

Vorwort zur 2. Auflage – Nachdem die erste Auflage rasch vergriffen war, wurde das Gebiet noch einmal gründlich unter die Füße genommen und auch gaumenmäßig überprüft. So wurden über 40 neue wunderschöne Wanderungen einbezogen und ebenso viele Oasen zum Einkehren neu entdeckt, von der gemütlichen Wein- und Vesperstube bis hin zur gastronomischen Hochburg. Leider konnten bei dem vorgegebenen Buchumfang wieder nicht alle interessierten Betriebe berücksichtigt werden.
Wir wünschen auch den Benutzern der Neuauflage ein genußreiches *Wandern und Einkehren!*
Die Herausgeber

„Das heißt leben,
die Seele laben in Wald und Flur,
den Körper wandernd stärken,
dem Herzen Gutes tun in freier Luft.
das Hochgefühl vertiefen,
voll frohen Sinns und Heiterkeit
bei guter Speis und edlem Trank
im Schoß eines gastlichen Hauses.
So zu leben,
heißt lang zu leben.“

Vagabundus

Krautheim – Horrenbach – Klepsau – Weinbergweg – Jagsttal – Altkrautheim – Krautheim

Weg und Zeit – 18 km – 5 ½ Stdn.

Charakteristik – Ein Weg durch mittelalterliche Geschichte, auf Pfaden *Götz von Berlichingens*, mit herrlichen Ausblicken. – Weinbauinformationen am *Heiligenberg.*

Anfahrt – A 81, Ausf. *Möckmühl* nach *Widdern*, L 1025 über *Jagsthausen* und *Schöntal.* – A 6, Ausf. *Kupferzell*, B 19 über *Künzelsau* bis *Dörzbach*, L 1025 li bis *Krautheim.*

Parken – Nahe der Burg Gäste-P *Landgasthof Zur Krone* oder beim Rathaus bzw. vor dem Altenheim.

• **Krautheim** (220–410 m) – Fränk. Gründung, urspr. am Platz des heut. *Altkrautheim* an der *Kaiserstr Rothenburg/Worms.* – Stadtrecht seit 1306. – Frühgot. *Staufer-Burg, Burgenmuseum – Götz von Berlichingen* rief 1516 vom Tal dem Amtmann den „L.m.A.-Gruß" zu. – Altes Rathaus (1569). Stadt-Torturm (1758). – Tuffstein-Grotte. – Stadtpfarrkirche, renov. 1507. – *Johanniterhaus* mit *Johannitermuseum* und histor. Ratskeller.

• **Krautheim – Horrenbach – Laibach – Klepsau** – 2 ½ Stdn – Von
MA *Bühlstr* aufw in die *Birkenallee*, mit *[Blauem Punkt]* und *Ww [Rad-„Buckelestour"]* an Kirche vorbei zum Wbh (AP). Weiter Str Ri *Horrenbach*, ger nach 2 ½ km auf Wiesenweg, dann Betonplattenweg, nach 800 m re hinab, L 513 queren, nach *Horrenbach*, in *Krautheimer Str, Kapelle* mit Wendelin-Plastik. Ortsstr
OM und Bach queren, vor dem letzten Haus am Hang li und im Bogen re hinten herum **(!)** auf Pfad im Waldsaum bis zur „Lichtung", hier li, am Waldrand aufw, ab Wiesenende Waldweg steil aufw. Waldstr re, nächsten Weg li und oben auf Schotterweg ger, *„Auf der Höhe".* Nächster Teerweg re, abw, unten li, später beim Gedenkkreuz li, an Gabelung re **(!)**. Nach 100 m re auf Feldweg, nach 1 km Bogen nach li, später Fahrstraße re in den Ort *Laibach.* Abstecher zum Barockschloß lohnenswert. Zurück, Treppen abw zur *Schloßstr.* In *Dorfbrunnenstr* re, nach 100 m li über den *Laibach*, re in den *Mühlrain* **(!)** und Wiesenweg abw zur *Wegkapelle.* Teerweg re, Gleise queren.

• **Klepsau – Altkrautheim – Krautheim** – 3 Stdn – Im nördl. Ort-
MA steil mit *Württembergischem Weinwanderweg, [Roter Strich]*, kurz auf der Hauptstr, beim Sportpl re, zwischen Vereinsheim und Sportpl mit Pfad über die Gleise, zur Friedhofskirche, aufwärts. *Weinbaulehrpfad*, 2. Weg li, eben durch die Weinberge, zur *Heiligenberg-Hütte.* Li in Serpentinen abw **(!)** Teerweg. Im Tal Fahrweg zur L 1025, diese queren, über die *Jagst*, nach Brücke re auf Teerweg bis Wiesenweg. Hier am Holzmasten der Stromleitung
OM li **(!)**, auf Pfad aufw. Anstieg bis Fahrweg, re bis *Altkrautheim,* durch die *Brunnensteige.* Re in die *Ginsbacher Str, [Blauer*

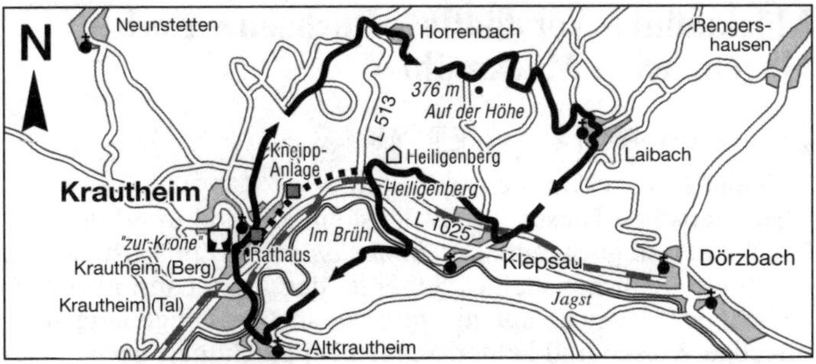

Punkt], über Jagstbrücke, re nach *Krautheim (Tal)*. Über *Bahnhofstr*, Marktplatz, *Götzstr* zur *Burgsteige* bis *Kapelle*, re zur *Burg* mit *Burgenmuseum*. Weg im Vorhof aufw zum *MA*

• **Landgasthof-Restaurant „Zur Krone"** – Zentrale Lage nahe der Burg. Großzügige Gästezimmer. Stilvolle Gasträume, rustikales Kaminzimmer. Umfangreiche Speisekarte. Auch Feinschmecker-Menüs, Kinder- und Seniorenteller. Eigene Schlachtung. Ritteressen. Fahrradverleih. Mittl. Preise. – *Ru = Di.*

Landgasthof – Restaurant

»ZUR KRONE«

Wolfgang Riegler
Küchenmeister
74238 Krautheim nähe Burg
Telefon 0 62 94-3 62

- regionale und internationale Spezialitäten
- eigene Schlachtung und Wurstspezialitäten
- Komfortzimmer 24 Betten
- mit DU/WC, TV, Sauna, Solarium, Fitnessraum
- Gesellschaftsräume bis 160 Personen – Hausbar
- Ritteressen ab 15 Personen
- Hohenloher Schlemmerwochenende, Aktiv-Woche
- Spezialarrangements für Hochzeitsfeierlichkeiten

ANERKANNTER ERHOLUNGSORT

Stadt Krautheim

an der Jagst

liegt im anmutigen Tal der Jagst. Schon von weitem grüßt das auf einem langgestreckten Bergrücken sich hinziehende mittelalterliche Städtchen mit der Silhouette vom Bergfried der Burg, die in die staufische Zeit zurückreicht. Der historische Stadtkern zeigt sorgsam gepflegte und renovierte Bauten vergangener Jahrhunderte.

74238 Krautheim/Jagst, Burgweg 5,
Tel. 0 62 94/98 -0, Fax 0 62 94/98 -48

Möckmühl - Vorstädtle - Ruchsen - Korb - Hagenbach - Möckmühl

Weg und Zeit – 15 km – knapp 4 Stdn.

Charakteristik – Dieser Rundweg ist ein Kleinod unter den vielen Wandermöglichkeiten im *Hohenlohischen.* Zunächst geht es durch ein liebliches kleines Seitental der *Jagst,* dann mit wunderschöner Aussicht auf die farbenprächtige Umgebung über hügelige Wiesen und Felder. Schließlich durchquert der Wanderer den *Alten Bannwald,* bevor er vom Schloß in die malerische historische Altstadt von *Möckmühl* herabsteigt.

Anfahrt – A 81 *Heilbronn–Würzburg,* Ausfahrt *Möckmühl.* – Mit der Bahn aus Ri *Heilbronn* oder *Würzburg,* Bahnhof in *Möckmühl.*

Parken – Vor dem *Hotel-Restaurant Württemberger Hof* am Bahnhof.

• **Möckmühl** – Wird 1290 als befestigter Ort genannt. Sehr eindrucksvoll ist die umwehrte Stadtanlage mit erneuerten Stadt- und Zwingermauern (13. Jh.) und dem hochgelegenen Schloß (19. Jh.). Das Stadtbild ist geprägt von schön restaurierten Fachwerkhäusern aus dem 16.–18. Jh.

• **Hotel-Restaurant Württemberger Hof** – Ein familiär geführtes Haus mit behaglichen Komfortzimmern und stilvollen Gasträumen. In gepflegter Atmosphäre genießt der Gast ideenreich zubereitete regionale Leckerbissen, leichte Fischgerichte und Wild- und Geflügelspezialitäten. Auch Schonkost und Vollwertgerichte. Mittlere bis gehobene Preise. – *Ru = Sa und So ab 14.30 Uhr.*

• **Möckmühl - Vorstädtle - Ruchsen - Korb** – 7 ½ km – knapp
OM 2 Stdn – Vom Bahnhof *ohne Markierung* an der Stadtmauer ent-
lang und über die *Jagstbrücke* ins *Vorstädtle.* Nach dem Bahn-
MA übergang *Lehlestr* li mit *[Blauem Strich]* und *Ww [Schulzentrum,*
OM *Sporthalle].* Nach dem Haus *Lehlestr 53 ohne Markierung* li, bei
der Gabel nach 20 m halbre abw nach *Ruchsen.* Durchgangsstr
MA ger überqueren und weiter auf der *Baulandstr, Ww [Korb].* Nur
selten verirrt sich ein Auto auf diese kl Str, die sich durch das herrliche *Hergstbachtal* bis nach *Korb* schlängelt. Hier Einkehrmöglichkeit im

• **Landgasthof Krone** – Ein sympathisches Gasthaus, in dem auf gepflegte Gastlichkeit Wert gelegt wird. In den rustikalen Gasträumen, im Sommer auch im Garten, kann sich der Gast von einer hervorragenden Küche verwöhnen lassen. Je nach Saison werden herrliche Wild-, Lamm- und Geflügelgerichte sowie feine Fischspezialitäten, aber auch deftige Hausmannskost serviert. Mittlere Preise. – *Ru = Mi.*

• **Korb - Hagenbach - Möckmühl** – 7 ½ km – knapp 2 Stdn – Von
OM der *„Krone" ohne Markierung* Hauptstr Ri *Sennfeld. Eckstr* li mit
Ri *[Möckmühl].* Nach 100 m re auf befestigtem Feldweg aus dem

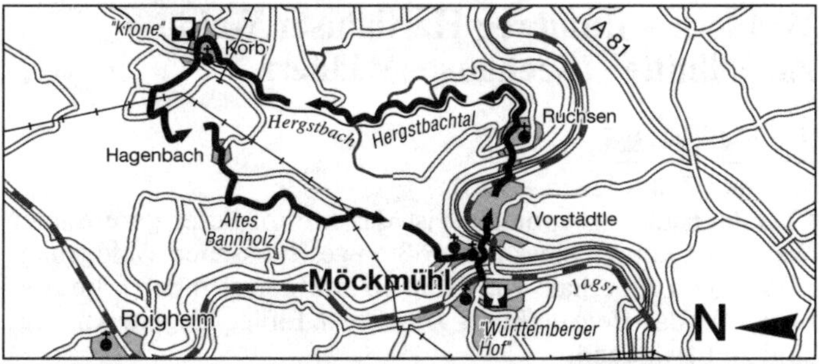

Ort hinaus. 3. Abzweigung li an 2 Strommasten vorbei. Nächster Querweg li, nach 200 m wieder re abw. Erneuter Querweg li aufw bis in den kl Weiler *Hagenbach*. Auf der Str re aus dem Ort hinaus und leicht aufw. 100 m nach der Linkskurve der Str (!) re auf Waldweg in den *Alten Bannwald* hinein. Dieser Waldweg stößt nach 5 Min auf br Forstweg. Hier mit *[Rotem Kreuz]* li. Bei *MA*
gr Kreuzung im Wald li aufw. Aus dem Wald heraus und vor bis zur Str nach *Möckmühl.* Dort mit *[Rotem Kreuz]* re auf der wenig befahrenen Str zurück nach *Möckmühl.* Oberhalb des Ortes *Schloßberg* halbli. Fußgängerweg halbre abw mit herrlichem Blick auf die historische Altstadt.

74215 Möckmühl
Bahnhofstr. 11
Tel. 0 62 98/50 02

Hotel-Restaurant
Württemberger Hof
MÖCKMÜHL

seit 1869 im Familienbesitz.
Wir heißen Sie herzlich willkommen!

Landgasthof Krone

Ein Haus voller Atmosphäre.
Gemütlichkeit und eine gepflegte Küche.

74219 Möckmühl-Korb, Widderner Str. 2,
Tel: 0 62 98/16 35 + 44 84, Fax 0 62 98/45 73

Widdern - Rundweg Harthäuser Wald - Ziegelhütte - Seehaus - Widdern

Weg und Zeit - 12 km - 3 Stdn.

Charakteristik - „Natur pur" ist das Motto dieser geruhsamen Wanderung durch eines der größten geschlossenen Waldgebiete *Hohenlohes.* Oberhalb von *Widdern* eröffnen sich herrliche Ausblicke auf das *Hohenlohische Hügelland.* Einige längere Anstiege sind zu bewältigen.

Anfahrt - A 81 *Heilbronn–Würzburg,* Ausfahrt *Möckmühl.*

Parken - Gäste-P bei der *Bäckerei-Konditorei-Café Reinert* in *Widdern.*

• **Bäckerei-Konditorei-Café Reinert** - Sowohl in den stilvollen Gasträumen wie im sehr schönen Straßencafé inmitten der malerischen Altstadtkulisse kann sich der Gast wohlfühlen. Die eigene Konditorei liefert leckere Kuchen und köstliche Eisspezialitäten. Kleine Gerichte wie z. B. Maultaschen und Tellerrostbraten runden das Angebot ab. Mittlere Preise. - *Ru = Mo nachmittags.*

MA • **Der Rundweg** - In *Widdern* mit *[Blauem Strich],* Ri *Heilbronn Jagstbrücke* überqueren. Ca. 200 m nach Bahnübergang re mit *Ww [Seehaus].* Nach 10 Min passiert der Wanderer einen Wander-P mit schönem Grillplatz. Für diejenigen, die hier den PKW abstellen und erst von hier loswandern, verkürzt sich die Gesamtstrecke um ca. 3 km - ¾ Std. Kurz nach dem Grillplatz taucht der Wanderer in die besonders an heißen Tagen angenehme Kühle des *Harthäuser Waldes,* einem hohen Laubmischwald mit großem Buchenanteil, ein. Auf br Forstweg bis zum *Seehaus* (Diskothek). Hier Str überqueren und vorbei an einem kl idyllischen Waldsee halbli zum Waldrand. Im Wald auf dem *Langen Grund* re, *Ww [Petersbaumhütte].* Bei der gr Kreuzung auf einer Waldlichtung ger weiter dem *Ww [Petersbaumhütte]* folgen. Hinter der Str, auf die der Weg nach kurzer Zeit stößt, beginnt die Gefahrenzone rund um das Versuchsgelände der Deutschen Forschungsanstalt für Luft- und Raumfahrt. Bei geschlossener Schranke und roter Ampel ist der Durchgang verboten (bei offener Schranke s. u. alternative Wegführung). Auf
OM der wenig befahrenen Str *ohne Markierung* re. Nach 10 Min ger
MA vorbei am Wander-P *Wachhäusle,* jetzt mit *[Rotem Kreuz].* Nach 200 m L 1047 li und die Brücke über die Autobahn A 81 überqueren. Unmittelbar nach der Brücke Str überqueren und mit der Markierung auf schmalem Feldweg ca. 200 m parallel zur Autobahn bis zum Waldrand. Kurz in den Wald hinein und li
MW bis zum gr Wander-P. Hier re mit *[Blauem Punkt]* auf br Forst-
MW weg, dem *Harthäuser Weg.* Nach 5 Min bei Gabel mit *[Blauem Strich]* re. Diese Markierung begleitet den Wanderer jetzt zu-

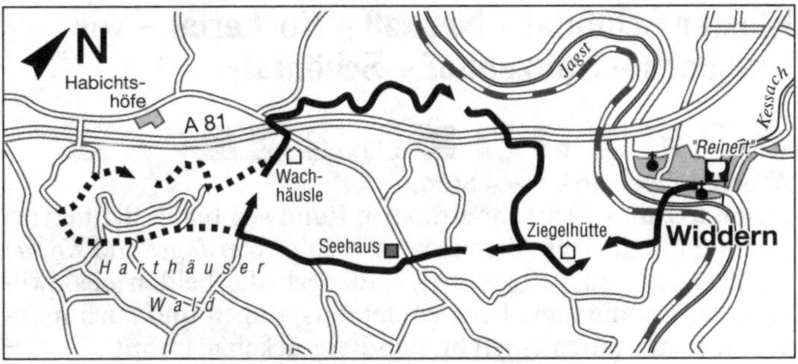

rück bis nach *Widdern.* Nächste Gabel re, übernächste Gabel li abw. Achtung: In einer steilen Linkskurve halbre über eine steile Treppe zu einem br Forstweg. Von nun an geht es wieder aufw mit z. T. herrlichen Ausblicken auf die schöne umliegende Hügellandschaft. Unter der Autobahn durch, unmittelbar danach Gabel li. Bei mittlerer Steigung aufw bis zu dem br Forstweg, der den Wanderer anfangs in den Wald geführt hat. Jetzt li wieder aus dem Wald hinaus und mit beeindruckender Aussicht auf die schöne Umgebung *Widderns* zurück zum Ausgangspunkt.

• **Alternative Wegführung** - Bei geöffneter Schranke kann der Weg um das Versuchsgelände der *DLR* herumgeführt werden.
Mit *[6]* ger auf der Fahrstr an den streng überwachten Anlagen *MW*
vorbei. Neben dem Haupteingang - gegenüber vom gr Ⓟ - führen 3 Waldwege in den Wald. Auf dem schmalsten Pfad ganz
li mit verwittertem *[Blauem Strich]* und *[Blauem Punkt]* aufw *MW*
durch den Wald. Der Weg ist z. T. schwer zu erkennen, allerdings mit den genannten Markierungen sowie der LM *[9]* recht
gut gekennzeichnet. Oben auf br Forstweg mit *[Rotem Kreuz]* re. *MW*
Nach 5 Min bei Gabel *Dreiländerweg* re. Die Markierung biegt
nach einiger Zeit scharf li ab. Bequemer ist der Weg *ohne Mar-* *OM*
kierung ger weiter, nächste Kreuzung li bis zum Wander-Ⓟ *Wachhäusle.* Hier dann li auf der Str und über die Autobahn A 81 wie oben beschrieben weiter. Wegverlängerung 4 km - 1 Std.

Reinert
BÄCKEREI
KONDITOREI
CAFE
150-jährige Tradition.
Kulinarisches und Kultur in Verbindung mit Erholung und Freizeit.
74259 Widdern, Tel. 0 62 98/73 05, Fax 0 62 98/ 46 86

Kloster Schöntal - Neusaß - Kochertal - vor Ernsbach - Spitzenhof - Schöntal

Weg und Zeit - 16 km - 4 Stdn.
Charakteristik - Der sehr attraktive Rundweg bietet die hervorragende Möglichkeit, die prächtigen Täler von *Jagst* und *Kocher* wandermäßig zu verbinden - sind doch die beiden eigenwilligen Flüsse, die nahe beieinander entspringen und auch münden, hier nur durch einen breiten Bergrücken getrennt.
Anfahrt - A 81, Ausf. *Möckmühl* - über *Jagsthausen.* - A 81, Ausf. *Osterburken* - über *Oberkessach.* - Von *Forchtenberg.* - Von *Dörzbach.*
Parken - Gr P beim *Kloster.*

• **Gemeinde Schöntal** - In den landschaftlich reizvollen Tälern von *Jagst, Kessach* u. *Erlenbach* liegen die 9 Ortsteile der Gemeinde, einer der größten Flächengemeinden des *Hohenlohekreises.* Burgen, Kirchen u. Kapellen locken den Besucher an, Fluß- u. Bachtäler, Wälder u. Auen sind ein Dorado für jeden Wanderer.

• **Kloster Schöntal** - *Ehem. Zisterzienserabtei*, umgeben von einer *Wehrmauer* mit *Tortürmen.* Klostergründung 1157 (s. u., *„Neusaß“*). Bau u. Besiedlung mit Mönchen aus *Maulbronn. Torkapelle St. Kilian* (1310–20), heute ev. Kirche. Blütezeit 14./15. Jh., 1418 *Reichsabtei.* Schwere Zerstörungen im *Bauernkrieg* 1525 u. im *Dreißigjährigen Krieg.* Neuaufbau unter Abt *Benedikt Knittel* (*„Knittelverse“*). *Neue Klosterkirche*, erb. 1716–36 nach Plänen von *J. L. Dientzenhofer*, der allerdings bereits vorher verstorben war. *Besonders beachtenswert*: U. a. *festliche barocke Ausgestaltung.* Eine Kuppel, die wie ein Blick in den Himmel wirkt. *Hochaltar* (1773), *Altarblatt* (1680). Seltene *Alabasteraltäre* (17. Jh.). *Kreuzgang* mit Grablege der *Herren v. Berlichingen*, eindrucksvolle Epitaphe, auch von *Götz v. B.* Treppenhaus der *Neuen Abtei. Heiliggrabkapelle* auf dem *Kreuzberg*, ein Oktogon (1716–21) von *B. Schießer.*

• **Schöntal - Neusaß - Muthof - Kochertal** - 1¾ Stdn - Von *Schöntal* die *Honigsteige* li vom *Kloster* aufw, *[Rotes Kreuz].* Weg-
MA abzweig halbli **(!)**, romantischer Pfad durch eine prächtige Bachschlucht, vorbei an zahlreichen kl Wasserfällen. Waldaustritt. Befest. Weg aufw. Idyllische Fischweiher.

• **Neusaß** - Spätgotische *Wallfahrtskirche Neusaß.* Urzelle des *Klosters Schöntal:* 1157 bestätigt *Friedrich I.* die Klostergründung auf dem *Nuweseze/Neusaß* genannten Allod des *Edlen Wolfram v. Bebenburg.* Chor von 1667. *Jugendstilaltar* (1906) mit *Gnadenbild*, einer *Pietà*, um 1475. Nahebei eine mächtige *1000jährige Linde*, ein fast einmaliges *Naturdenkmal*, gerettet durch aufwendige baumchirurgische Maßnahmen.

• **Der Weiterweg** - Am Wegestern ger **(!)**, *Ww [Forchtenberg].* Grasweg, Waldrand mit Ausblick. *Rotes Kreuz* (1792/1902/1970).

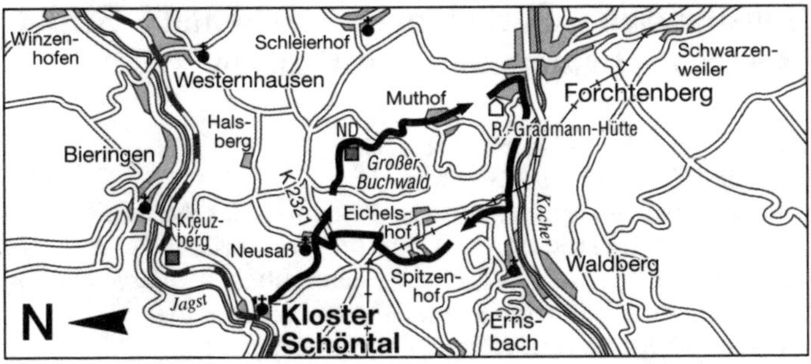

Über die K2321 in den Wald. *Katzenschlagweg* abw, über ein Bächle, aufw, Kreuzung ger. An der *Albert-Fuchs-Eiche ND* re u. ger. *Andreaskreuzung* halbli abw. Vor dem *Weiher* halbre **(!)**, über ein Rinnsal. Bogen zum Wadrand. Ger **(!)**, Querweg scharf li, *Ww.* Aufw nach *Muthof. Klosterwaldstr* durch den Ort. Dahinter re, befest. Weg durch eine weite Landschaft. *Robert-Gradmann-Hütte* mit *AP.* Wunderschöner Blick ins *Kochertal* mit *Forchtenberg.* Li von der *Hütte* auf Stufen neben dem Rebhang abw. Ri *Forchtenberg/Neu-Wülfingen.*

• **Kochertal - vor Ernsbach - Spitzenhof - Schöntal** - 2¼ Stdn -
Muthofer Str ger, Querstr kurz re, *In den Schwarzäckern* li bis En-
de, *Württ. Wein-Wander-Weg [Rote Traube].* Halbli, befestigter *MW*
Landwirtschaftsweg auch *[Kochertal-Weg].* Prächtiger Weg zwischen *Kocher* u. den Rebhängen. Rückblick auf *Forchtenberg.* Vorblick auf *Ernsbach.* Über den *Ellbach.* Hinter dem nächsten
Bach am Ortsrand von *Ernsbach* re. Landwirtschaftsweg *OM* ger *OM*
in den Wald. Neben dem munteren Bach aufw. *[Rotes Kreuz]* *MA*
von li. Damit weiter aufw. In Höhe von *Spitzenhof* li ab. Nach der Stromleitung Str re. Weiter Blick! 100 m, dann li **(!)**. Waldeintritt, *Plattenackerweg.* Schöner *Weiher ND.* K 2321 130 m li, danach re, aussichtsreich nach *Neusaß.* Nun auf dem herrlichen Herweg zurück nach *Schöntal.*

• **Ortsteil Aschhausen** - Ehem. *Jagdschloß* der *Äbte von Schöntal.*

„Perle des Jagsttales"
Berge – Talauen – Wald – Wasser – alte Burgen – stolze Kirchen – verschwiegene Kapellen
Reizvolle Spaziergänge
Kreuzberg – Klosterwald
Kloster Schöntal
Wallfahrtskirche Neusaß – Schloß Aschhausen des Grafen von Zeppelin

Kloster Schöntal

Gepflegte Landgasthöfe
in einer reizvollen Landschaft mit reicher geschichtlicher Vergangenheit

Auskünfte und Ortsprospekt
Bürgermeisteramt • Klosterhof 1 • 74214 Schöntal • Telefon (0 79 43) 91 00-0

Jagsthausen - Berlichingen - Schöntal - Schloß Rossach - Leuterstal - Jagsthausen

Weg und Zeit - 15 km - 3 ¾ Stdn.
Charakteristik - Dem herrlichen Weg durch das *Jagsttal* folgt eine geruhsame Partie durch Wald und Flur zurück.
Anfahrt - A 81, Ausf. *Möckmühl*, dann über *Widdern* o. *Lampoldshausen.* - Von *Öhringen* (A 6) o. *Künzelsau* über *Sindringen.*
Parken - Ⓟ *Rathaus* o. *Hauptstr* o. hinter der *Burg.*

• **Jagsthausen** - Reizvoller Ferien- und Festspielort. Platz eines *röm. Limes-Kastells.* 1064 urkundl. gen. *Geburtsort Götz v. Berlichingens.* Er wurde 1480 auf der *Burg derer v. Berlichingen* geboren , die später den Namen *„Götzenburg"* erhielt. Der zweiflügelige Kernbau stammt aus dem 15./16. Jh. Restaurierung und einige Neubauten 1876/78. Im malerischen *Innenhof* finden alljährlich die hervorragenden *Burgfestspiele* statt (nicht nur mit *Goethes „Götz v. Berlichingen").* *Theater* auch im *Rittersaal* und in der *Bergwaldhalle Jagsthausen. Burgmuseum,* u. a. mit der *Eisernen Hand.* - *Rotes Schloß,* 16. Jh., im 18. Jh. verändert. - *Weißes Schloß,* Ende 18. Jh. - *Altes Rathaus.* - Mittelalterl. *Pfarrkirche* mit Achteckturm u. vielen *Grabdenkmälern derer v. Berlichingen.*

• **Jagsthausen - Berlichingen - Schöntal** - 1 ½ Stdn - Von der
MA *Götzenburg* ortseinwärts, *[Roter Strich/Limesweg], Schloßstr,*
Brückenstr halbli abw, *Jagstbrücke* (1951). Neben der K 2019 li,
OM *OM,* vorbei am *Friedhof,* dahinter li, *Blaues Kreuz, Ww.*
MA Schloßblick! Schöner Weg im *Jagsttal,* neben bzw. oberhalb der früheren Schmalspurbahnstrecke. Vor Linksbogen Abzweig halbli **(!)** abw **(!)**, eindrucksvoller Abschnitt. In Flußnähe weiter. Prächtige Ufervegetation. Am Natursteinwerk re vorbei. Ger nach *Berlichingen.* Der Ort war Stammsitz *derer v. Berlichingen. Ehem. Bahnhöfle* (li). Vor der *Kath. Pfarrkirche* (Mitte 19. Jh., Turm 17. Jh.) re aufw, *Ziegeleistr* li, *Schöntaler Weg* re, *Siedlungsstr* li u. ger **(!)**. Li am modernen Industriekomplex vorbei, dahinter re aufw. Herrlicher Blick auf *Kloster Schöntal.* Romantisches Pfädchen hoch über der *Jagst.* Bachschlucht mit kl Wasserfall. Steg über Seitenbach. Re vom *Kloster* aufw, dahinter *Honigsteige*
MW li, *Rotes Kreuz.*

• **Schöntal - Schloß Rossach - Leuterstal - Jagsthausen** - 2 ¼ Stdn - Vom *Kloster* (S. 18) über die *Jagstbrücke* (1609) mit *St. Nepomuk* (1720), dahinter re. Nach 120 m halbli **(!)** aufw **(!)** in den Wald. Zuletzt neben dem nördl. Abschnitt der bachführenden *Schelmenklinge,* dann über freies Feld. Nach wenigen Min Quer-
OM str li (etwa 50 m vor dem *Friedhof* von *Rossach), OM,* Blick auf das *Schloß.* Aufw, über die K 2321, br Weg ger **(!)**. Li vom *Schloß* (16./18. Jh., Privatbesitz) an gr Schuppen vorbei. Feldweg mit Grasnarbe längs einer Baum-, Busch- u. Strauchreihe hinüber

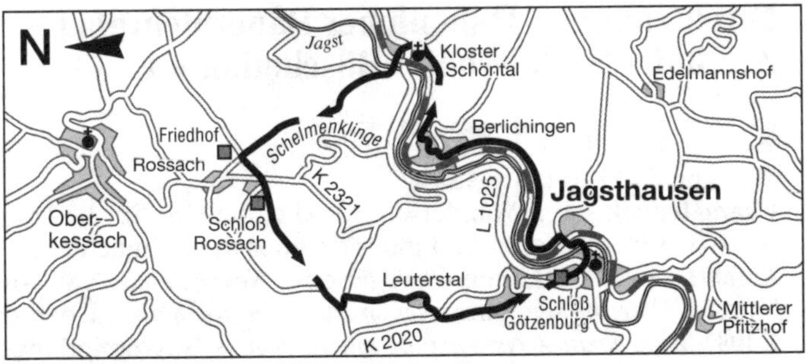

zum Wald. Br Waldweg ger (**!**). Diesen konsequent beibehalten. Gr Wegekreuzung ger (**!**), leicht aufw, dann eben. Vom Waldrand weiter ger, br Grasweg zu befestigtem Querweg. Li ab, *[Roter Strich/ Limesweg]*. *MA* Querstr scharf (**!**) li, nach 100 m befest. Weg re ab *[Limeswanderweg Main-Rems-Wörnitz]*. Querung Stromleitung. Größere Häusergruppe *Leuterstal*. In Rechtskurve li (**!**) ab, am Ortsrand Grasweg re. Durch eine Senke, hinter der K2020 Landwirtschaftsweg li aufw. Abw, Blick ins *Jagsttal. Jagsthausen*, Ortsteil *Rappen. Kelternweg* ger, Str *Im Bannholz* überqueren, befestigter Weg ger. Kräftig abw und hinüber zur *Burg*.

- **Weitere Wanderwege:** *Limesweg* nach *Sindringen*, zurück über *Edelmannshof - Stolzenhof - Trautenhof - Olnhausen - Rappen.*

Forchtenberg - Hohenloher Bauernlehrpfad - Muthof - Schleierhof - Büschelhof - F.

Weg und Zeit - 12 km - 3 Stdn.

Charakteristik - Ein Wanderweg für alle, die sich für die Landwirtschaft interessieren und mehr darüber wissen möchten.

Anfahrt - A 6, Ausfahrten *Öhringen* oder *Neuenstein* - A 81, Ausfahrten *Osterburken* oder *Neuenstadt am Kocher.* - Über die L 1045 *Künzelsau - Neuenstadt am Kocher.* - Busverbindungen mit *Öhringen* und *Künzelsau.*

Parken - Nach der Kocherbrücke li auf öffentl. Parkplatz.

• **Hohenloher Bauernlehrpfad** - Entstand auf Initiative des Evang. Bauernwerks *Öhringen* in Zusammenarbeit mit den Bäuerinnen und Bauern aus *Muthof, Schleierhof* und *Büschelhof.* Auf 26 Schautafeln entlang des Rundweges gibt es Informationen über die Landwirtschaft. Es sollten deshalb 1 bis 1 ½ Stdn für das Studium dieser Info-Tafeln zur reinen Wanderzeit hinzugerechnet werden.

• **Forchtenberg - Muthof - Schleierhof** - 1 ¼ Stdn - Die 1. Info-Tafel steht an der Bushaltestelle am Kocherparkplatz. Der Weg ist mit *[Hohenloher Bauernlehrpfad]* und bis hinter *Muthof* zu-
MA sätzlich mit *[Rotem Kreuz]* markiert. Es geht zunächst über die Kocherbrücke, nach 100 m li, *Ww [Schöntal 10 km]*, nach re und durch die Unterführung nach *Neu-Wülfingen.* Gleich nach der Unterführung li bis *Muthofer Str*, re, bis zur Gabelung, li und gleich wieder re, *Ww [Schöntal 4 km].* Ein steiler Fußweg, überwiegend auf Natursteintreppen, führt zur Schutzhütte *Robert-Gradmann-Platz.* Von hier hat man einen herrlichen Ausblick ins *Kocher-* und *Kupfertal.* Der Weg führt ger weiter nach *Muthof.* Weiter auf der Str bis zum Ortsende. Der mit *[Rotem Kreuz]* markierte Weg führt ger weiter. Der *[Hohenloher Bauernpfad]* verläuft zunächst halbre auf der Str Ri *Schöntal.* Bei der Linkskurve ger weiter in den Wald hinein und ger weiter bis auf die Fahrstr. An der Bushaltestelle *„Tiroler Seen"* die Str überqueren und ger weiter, dann li bis zum P am Badesee. Von hier aus an der Str zurück, *Ww [Schleierhof].* Das 1. Haus im Ort lädt zur Einkehr ein.

• **Gaststätte zum Hirsch** - Ein rustikaler, ländlicher Gastraum vermittelt familiäre Atmosphäre. Eine reichhaltige Speise- und Vesperkarte bietet besonders Hausmacherspeisen aus eigener Schlachtung an. Es gibt Bier vom Faß, eigenen Most und Schnäpse und offene Weine. Unteres bis mittleres Preisniveau. Ein großer überdachter Biergarten ist vorhanden. P am Haus. - *Ru = Di.*

• **Schleierhof - Büschelhof - Forchtenberg** - 1 ¾ Stdn - Vom Gasthaus re in die *Hofstr, Ww [Büschelhof]* in Ri Wald. Bis zu

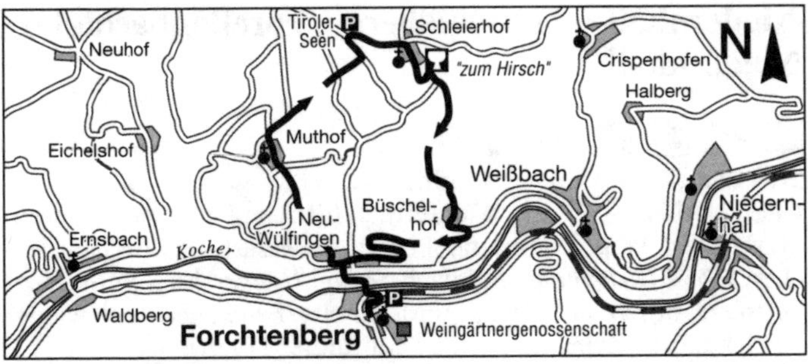

dem Weiler *Büschelhof*, weiter bis Ortsende, li, bis zur Weggabelung re, *Ww [Forchtenberg]*. Ab hier zusätzliche Markierung *[Rote Traube]*. Nach Spitzkehre re und den gut markierten Weg durch die Weinberge und am Waldrand entlang bis *Neu-Wülfingen*. Von dort zurück zum Ausgangspunkt.

• **Weingärtnergenossenschaft Forchtenberg** – Vom Kocherparkplatz ca. 300 m an der *Kupfer* aufw, in der *Öhringer Str* befindet sich die Kelter. Bereits im 13. Jh. wurde Wein an den Kocherhängen angebaut. 1939 wurde die Weingärtnergenossenschaft gegründet. Weinproben sind möglich und natürlich kann man hier den hervorragenden *„Forchtenberger Flatterberg“* kaufen.

Gaststätte zum Hirsch

Überdachter Biergarten.
Gutbürgerliche Speisen vom Zebu, Rind und Schwein.
Direkt am landwirtschaftlichen Lehrpfad!
Auf einen Besuch freut sich Fam. Wirth.

74670 Schleierhof, Hofstr. 10, Tel. 0 79 47/9 52 31

Klein aber fein!

wgf
weingärtnergenossenschaft forchtenberg eg.

Öffnungszeiten:
Di.– Fr. 17.00–18.00 Uhr
Sa. 10.00–12.00 Uhr

74670 Forchtenberg
Öhringer Str. 36
Tel. 0 79 47/76 74

Niedernhall - Hermersberg - Forellenbachtal - Niedernhall

Weg und Zeit - 9 km - 2 ½ Stdn.

Charakteristik - Diese Wanderung führt auf gut begehbaren, markierten Wegen vom lieblichen *Kochertal* zur aussichtsreichen Höhe *Giebelhöfe*, und nach *Schloß Hermersberg.* Beim *Herrgottsberg* durch den Wald und durchs *Forellenbachtal* wieder zurück nach *Niedernhall* (Höhendifferenz 170 m).

Anfahrt - A 6, Ausf. *Kupferzell,* dann B 19 nach *Künzelsau,* weiter nach *Niedernhall.* - Aus Ri *Künzelsau* und *Forchtenberg* jeweils auf der L 1040, über die *Kocherbrücke* zur Innenstadt.

Parken - Zahlreiche öffentliche Parkplätze in der Stadt.

• **Niedernhall** - 1037 erstmals urkundlich erwähnt. Die ehem. Salzstadt liegt in landschaftlich reizvoller Lage im schönen *Kochertal* (202 m ü. NN). Bei einem kleinen Stadtrundgang ist das *Rathaus*, die *Kelter*, die *alte Stadtmauer*, das *Götzenhaus* und die *Laurentiuskirche* zu besichtigen. - *Rathaus*, imposantes Fachwerkgebäude von 1477 mit altdeutscher Halle, mächtigen Eichenpfeilern u. einer handbehauenen Decke. - *Kelter*, wurde 1713 durch *Abt Knittel* vom *Kloster Schöntal* erbaut. Er schuf einen 45 m langen und 16 m breiten Kelterraum ohne Pfeiler. Jeweils am 2. Septemberwochenende findet ein Weinfest statt. - *Götzenhaus*, *Götz von Berlichingen* besuchte hier 1490 die Schule. Fachwerkhaus mit Gefach- und Rankenmalereien. - *Laurentiuskirche*, äußerlich schlichtes Bauwerk, mit einem reich verzierten Portal. Gründung reicht in die romanische Epoche um 1200 zurück. - *Heimatmuseum*, mit Sammlerstücken aus dem täglichen Leben. Geöffnet zu den Sprechzeiten des Rathauses.

• **Niedernhall - Hermersberg** - knapp 1 Std - Vom Rathaus ca. 300 m auf der Hauptstraße bis zum Bahnübergang. Re, bergan
MA der Bezeichnung *[Roter Strich]* folgen über *Neufelserstraße und Steige.* Schöner Ausblick auf gegenüberliegende Weinberge. Nach kurzem Staffelaufgang Überqueren der L 1044. Weiter der
OM Markierung folgend auf asphaltiertem Weg bis zur Bushaltestelle *„Guthof"*. Abstecher (ca. 15 Min) zum ehem. Jagdschloß *„Hermersberg"* möglich.

• **Hermersberg** - (340 m ü. NN). Heute Privatbesitz, Besichtigungen sind daher nicht möglich. Das Jagdschloß stammt aus dem 15. Jh. Umgang möglich.

• **Haltestelle Guthof - Niedernhall** - 1 ½ Stdn - Der Markierung
MA *[Blauer Punkt]* folgen, L 1044 kreuzen, bis *Waldhütte Brunnenschlag* (370 m ü. NN), li auf befestigtem Weg abwärts. Beim Schützenhaus/Waldgrillplatz am Waldrand re und sofort wieder li, *Herrgottsbergweg* zum *Forellenbachtal* immer abwärts. Am

Wandern …
… und Einkehren in Hohenlohe

Schloß Stetten bei Künzelsau

oben: Crailsheim – Schweinemarktplatz mit Liebfrauenkapelle und Rathausturm
unten: Weinstädtchen Forchtenberg mit Stadttor

Burgfestspiele Jagsthausen

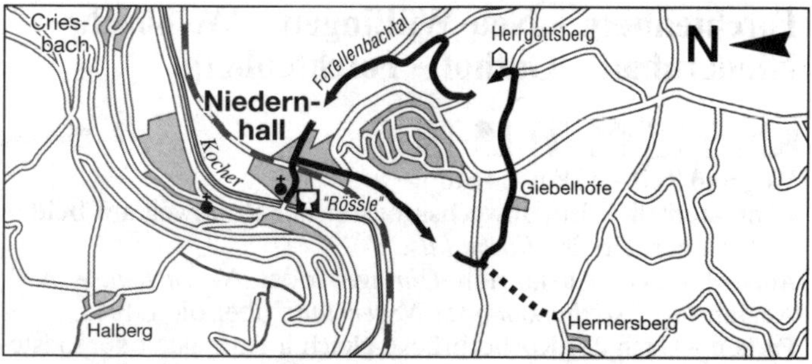

Wanderparkplatz (Kleintiergehege) li, auf geteertem Weg (Stadtrand in Sicht) abwärts bis zum Zentrum *Niedernhall* und zur Einkehr im

- **Hotel-Restaurant Rössle** – In zentraler Lage mit behaglich-komfortablen Gästezimmern. Gasträume gemütlich u. rustikal. Historischer Weinkeller, gutbürgerliche regionale Küche der Saison. Feinschmecker-Menüs. Auch Fisch, Geflügel, Vollwert. Mittlere bis gehobene Preise. – *ÖZ: Mo–Fr 11.30–14.00 Uhr u. 18.00–22.00 Uhr. Sa 18.00–22.00 Uhr. Ru = So.*

Rössle

Moderne Gastlichkeit in alter Tradition

74676 Niedernhall, Tel. 0 79 40/91 65-0
Fax 0 79 40/91 65-50

KLEINE STADT MIT GROSSEM CHARME ...

NIEDERNHALL

Hauptstraße 30 . 74676 Niedernhall . Tel. 07940/9125 -0

Forchtenberg – Neu-Wülfingen – Weißbach – Niedernhall – Guthof – Forchtenberg

Weg und Zeit – 16 km – 4 Stdn.

Charakteristik – Ein abwechslungsreicher Rundweg auf beiden Seiten oberhalb des *Kochertals.*

Anfahrt – A 6, Ausfahrten *Öhringen* oder *Neuenstein.* – A 81, Ausfahrten *Osterburken* oder *Neuenstadt,* über die L 1045.

Parken – Nach der Kocherbrücke gleich li Parkplatz oder Gäste-P vor *Winkler's Weinstube.*

• **Forchtenberg – Neu-Wülfingen – Weißbach – Niedernhall** –
2 Stdn – Von *Winkler's Weinstube* über die Kocherbrücke. Der
MA Weg ist mit *[Rotem Kreuz]* und *[Hohenloher Bauernlehrpfad]*
markiert. 100 m nach der Kocherbrücke li, nach re durch die
Unterführung nach *Neu-Wülfingen.* Weiter ger die *Schöntaler*
MW *Str,* 2. Str *Am Kocherberg* re, Markierung *[Rote Traube]* und
[Württemberger Weinwanderweg], bei Gabelung scharf li in den
Bonholzweg bis zum Waldrand. Jetzt scharf re und oberhalb der
Weinberge am Waldrand entlang. Der Weg verläuft ein kurzes
Stück durch den Waldzipfel und dann wieder durch die Weinberge. Er trifft auf die Str von *Forchtenberg* nach *Büschelhof.*
Jetzt li auf dieser Str bleiben und nach der Linkskurve scharf re
(!), *Ww [Weißbach].* In *Weißbach* beginnt die *Büschelhofer Str,*
diese bis Ortsmitte, re in die *Kelterstr,* weiter ger die *Hauptstr,*
nach li in die *Chrispenhofer Str.* An der Kirche vorbei und li in
die *Niedernhaller Str,* nun re in die *Weinbergstr.* Jetzt geht es
wieder durch die Weinberge bis oberhalb von *Niedernhall.* Bei
MW der Kreuzung mit dem *Georg-Fahrbach-Weg,* Markierung *[Roter*
Strich], scharf re **(!)**, *Ww [Zur Stadt].* Der Fußweg, teilweise mit
einem Geländer, schlängelt sich zur L 1045, li und an der Ampel die Str überqueren. Weiter über die Kocherbrücke und ger
in die *Hauptstr,* bis zur *Rathausstr,* von hier durch den Torbogen in den Innenhof zur Weingärtnergenossenschaft.

• **Weingärtnergenossenschaft Niedernhall** – Ein altes, ehrwürdiges Gebäude, das der *Abt Knittel* vom *Kloster Schöntal* 1713 erstellen ließ. Die alte Kelter wurde Zug um Zug erweitert und präsentiert sich heute im traditionellen Holzfachwerkstil. Der hervorragende Wein, der in der Kelter ausgebaut wird, ist vielfach prämiert und als *Niedernhaller Distelfink* weit bekannt.

• **Niedernhall – Guthof – Forchtenberg** – 2 Stdn – Zurück zur
Hauptstr, weiter über die stillgelegten Bahngleise, re die *Neufelser Str, Ww [Giebelheide 2 km]* und die nächste Str, den *Bächbergweg* re. Nach den letzten Häusern weiter ger auf einem Schotterweg bis zur Wegspinne. Dem mittleren Weg halbli aufw in den
Wald folgen, bei der Gabelung li, nach Waldaustritt auf befestig-
MA tem Feldweg bis *Guthof.* Li auf mit *[Blauem Punkt]* markiertem

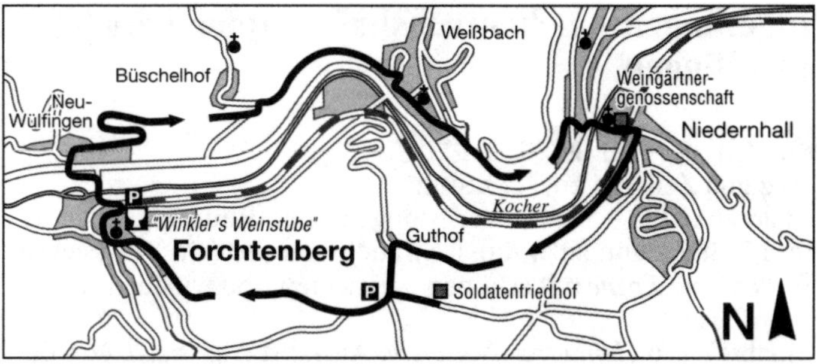

Weg bis zum Wanderparkplatz. 2. Weg re, *Ww [Kammerbergweg],* bei Gabelung re, *Ww [Bächbergweg],* Markierung *[Blauer Punkt].* Bei nächster Gabelung re, weiter bis Waldaustritt. Nach Freifläche in der Senke halbli (!) schmalem, romantischem Fußweg folgen. Über *Schloßbergweg* zur *Hauptstr* und durch das *Würzburger Tor* zum Ausgangspunkt.

- **Winkler's Weinstube** - Außerhalb der Stadtmauer vor dem *Würzburger Tor* gelegen. Gemütliche, rustikale Weinstube, Gartenterrasse. Reichhaltige Vesperkarte. Hausspezialitäten: Maultaschen, Schlachtplatte und Winzergerichte. Offene und Flaschenweine aus eigenem Anbau. Mittleres Preisniveau. P am Haus. - *ÖZ: ab 18.00 Uhr geöffnet. Ru = Mi.*

Mittwoch Ruhetag

Grüß Gott in Forchtenberg.

Direkt vor den Toren der Stadt liegt unsere Weinstube. Täglich ab 16.00 Uhr können Sie unsere Eigenbauweine vom Faß genießen. Dazu gibt es herzhafte Vesper und viele andere hausgemachte Spezialitäten. Wir wünschen Ihnen eine angenehme Wanderung.

Winkler's Weinstube

Bahnhofstr. 25
74670 Forchtenberg
Tel. 07947/366

Aus Natur wird Weinkultur

Eine Auswahl für Genießer

Öffnungszeiten:
Montag–Freitag
8–12 Uhr
13–17.30 Uhr
Samstag
8–13 Uhr

Niedernhaller
Distelfink®

Weingärtner Genossenschaft Niedernhall

74676 Niedernhall,
Keltergasse 5,
Tel. 0 79 40/84 27

Ingelfingen - Scheurachshof - Lipfersberg - Ingelfingen

Weg und Zeit - 11 km - 2 ¾ Stdn.

Charakteristik - Ein abwechslungsreicher Rundweg, zunächst im Flußtal, dann aufw durch Streuobstwiesen und Wald auf die *Hohenloher Ebene* mit schönen Aussichten und wieder abw nach *Ingelfingen.*

Anfahrt - A 6 *Heilbronn-Nürnberg,* Ausfahrt *Kupferzell*, von dort weiter über die B 19 durch *Künzelsau* nach *Ingelfingen.* Busverbindungen mit *Künzelsau* und *Waldenburg.*

Parken - Von der L 1045 an der Ampel abbiegen. Parkplätze an der Rückseite der *Kochertalkellerei* entlang der *Mühlstr.*

• **Ingelfingen** – Zahlreiche Bodenfunde aus der jüngeren Steinzeit und aus der Hallstattzeit beweisen, daß die Gemarkung *Ingelfingen* schon seit etwa 5000 Jahren (mit Unterbrechungen) besiedelt war. Urkundlich erwähnt wird *Ingelfingen* erstmals im Jahr 1080 n. Chr. in einer Urkunde des *Klosters Comburg.* 1323 erhielt *Ingelfingen* das Markt- und 1334 das Stadtrecht. 1701 zog *Graf Christian Kraft von Hohenlohe* nach *Ingelfingen* und baute das *Neue Schloß,* das 1984–88 renoviert wurde und jetzt als *Rathaus* dient. Die Stadt ist geprägt durch den umliegenden Weinbau und das mittelalterliche Stadtbild. Öffentliche Einrichtungen und Sehenswürdigkeiten sind die Schwimmhalle, Minigolfanlage, Stadtbücherei, Schloßgarten, Weinbaulehrpfad, historische Altstadt mit *St. Nikolauskirche* und das *Neue Schloß* (Schloßbesichtigung nach Voranmeldung). Lohnend ist auch ein Besuch des *Muschelkalkmuseums* von *Herrn Dr. h. c. Hagdorn.*

• **Ingelfingen - Scheurachshof - Lipfersberg - Ingelfingen** - 2 ¾ Stdn - Von der *Mühlstr* abw, die *Kochertalstr* an der Fußgängerampel überqueren und vor der *Kocherbrücke* li, *Ww [Kochertal-Radweg].* Bei der Gabelung re und auf dem asph. Radweg, der zwischen *Kocher* und *Mühlkanal* verläuft, bleiben. Nach dem Sportplatz und dem Sportheim, noch vor der Brücke über den *Mühlkanal*, re um den Sportplatz halb herum und li über den Steinsteg den *Kocher* überqueren. Jetzt li bis *Scheurachshof* und vor dem 1. Haus re. In einer sanften Rechtskurve verläuft dieser Weg leicht ansteigend zunächst durch Streuobstwiesen, dann am Waldrand entlang in den Wald hinein. 200 m nach dem Gehöft *Kocherstein* geht es im spitzen Winkel li, *Ww*
MA *[Rundweg 4]* auf einem geschotterten Waldweg stetig aufw. Durch dichten Laubwald geht es bis zu einem Querweg. Dem
OM *Rundweg 4,* der hier li abbiegt, nicht folgen, sondern ger weiter aufw. Den nächsten Weg ger überqueren. Ab hier dem mit
MA *[Blauem Strich]* markierten Weg folgen. Nach ca. 100 m geht es

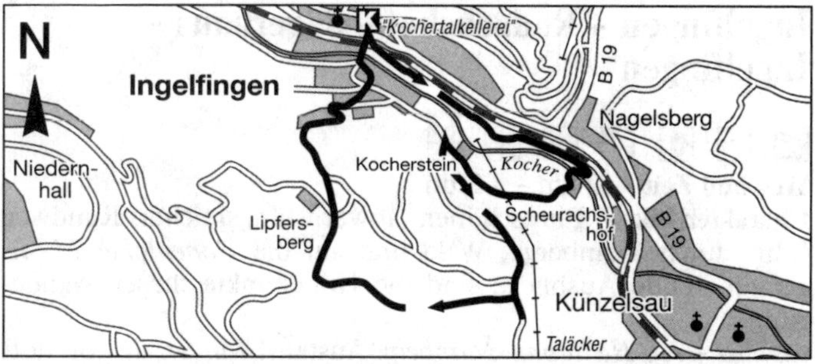

re ab. Hier bietet sich ein kurzer Abstecher an. Geht man nicht gleich re, sondern noch 200 m ger weiter, erreicht man das *OM*

- **Neubaugebiet Taläcker** – In kurzer Zeit entstand hier eine Trabantenstadt von *Künzelsau* mit einigen Tausend Bewohnern. Dieser Ortsteil, der fast 200 m oberhalb *Künzelsaus* liegt, soll demnächst mit einer Seilbahn an die Stadtmitte angebunden werden. Für diesen Abstecher in die *Taläcker* wird man belohnt mit einem herrlichen Rundblick auf die *Hohenloher Ebene* auf der gegenüberliegenden Seite des *Kochers.*
- **Fortsetzung Rundweg** – Zurück zum Punkt, an dem der markierte Weg verlassen wurde, dann auf einem Schotterweg mit *[Blauem Strich]* weiter. Nach einer leichten Rechtskurve li **(!)**, *MA* auf Markierung achten, auf einem schmalen, teilweise bewachsenen Waldweg weiter, bis aus dem Wald heraus. Bei der Kreuzung re, Markierung jetzt *[Blauer Punkt]* und *Ww [Ingelfingen* *MW* *3 km].* Der Weg führt über freies Feld nach *Lipfersberg.* Linkerhand ist das ehemalige Segelfluggelände zu sehen. Vor *Lipfersberg* die Str überqueren und ger weiter, an der Bushaltestelle vorbei, und an der Str entlang bis zum Ortsbeginn *Ingelfingen.* Die 2. Str li ist die *Lerchenstr.* Nach dieser führt eine Fußgängertreppe zur *Finkenstr*, nun re und dem gut markierten Fußweg bis zur *Kocherbrücke* folgen. Die *Kochertalstr* überqueren und zurück zum Ausgangspunkt.

Ingelfingen

Das in die Reb- und Waldhänge des mittleren Kochertals eingebettete Städtchen zeigt heute noch das fast unzerstörte Bild einer Fürstenresidenz.
Ein weitverzweigtes Wegenetz lädt Besucher und Gäste zu Wanderungen durch unsere Weinberge (Weinbaulehrpfad) und Wälder ein. Abschließend empfehlen wir einen Besuch in einer gemütlichen Gaststätte bei einer großen Auswahl erlesener Weine aus Ingelfingen und einer reichhaltigen Speisekarte. Weinproben in der Kochertalkellerei. Sehenswürdigkeiten: Neues Schloß, Schwarzer Hof, Ruine Lichteneck (Aussichtspunkt). Muschelkalkmuseum.

Stadtverwaltung Ingelfingen, Telefon 0 79 40/13 09-0, Fax 67 16

Ingelfingen - Rodachshof - Jägerhaus - Ingelfingen

Weg und Zeit - 12 km - 3 Stdn.

Charakteristik - Ein schöner, abwechslungsreicher Rundweg führt durch Weinberge, Wald und auf die *Hohenloher Ebene.* Faszinierende Ausblicke sind die Höhepunkte dieser Wanderung.

Anfahrt - A 6 *Heilbronn–Nürnberg,* Ausfahrt *Kupferzell,* von dort weiter über die B 19 durch *Künzelsau* nach *Ingelfingen.* - Busverbindung von *Künzelsau* und *Waldenburg.*

Parken - Von der L 1045 in die *Mariannenstr* abbiegen. Parken entlang der Str oder vor dem *Hotel-Restaurant „Haus Nicklass".*

• **Ingelfingen - Rodachshof - Jägerhaus** - 2 Stdn - Über die *Mariannenstr* in Ri Stadtmitte wandern. Gegenüber der *Schloßapotheke* re in den Weg *Am Hohenberg* einbiegen, *Ww [Ruine Lich-*
MA *teneck],* Markierung *[Blauer Punkt].* Es geht steil aufw bis zur *Alten Schloßgasse,* weiter ger bis zur K 2382, 50 m an dieser entlang bis *Am Worgberg* halbre und nach dem letzten Haus im spitzen Winkel re, *Ww [Ruine].* Diesen Weg durch Streuobst-
OM wiese bis zur Linkskurve. Von hier aus führt ein ca. 300 m langer Fußweg zur *Ruine Lichteneck.* Diesen Abstecher sollte man unbedingt machen, denn man wird durch einen herrlichen Ausblick ins *Kochertal* auf *Ingelfingen* und auf *Criesbach* belohnt. Wieder zurück auf dem Hauptweg geht es oberhalb der Weinberge weiter, bis man auf den unteren Weinbergweg trifft. Jetzt li, weiter bis zum Querweg und wieder li aufw in den Wald. Von hier aus hat man schöne Ausblicke auf *Künzelsau, Nagelsberg* und *Belsenberg.* Weiter geht es auf dieser Str in Serpentinen aufw. Bei der nächsten Weggabelung re, am Kruzifix und am Wbh ger bis zur Abzweigung re in Ri *Rodachshof.* Vor dem
MA 1. Haus li, auf dem mit *[Blauem Strich]* markierten Weg nach *Jägerhaus.*

• **Jägerhaus - Ingelfingen** - 1 Std - Bei *Jägerhaus* die Str überqueren, *Ww [Hohe Str-Schöntal].* Nach 200 m li *Ww [Ingelfingen*
MW *4 km],* Markierung *[Blauer Punkt]* und zusätzlich *[Rote Traube].* Vor der scharfen Linkskurve der Str diese überqueren und ger weiter, bis der Wanderweg wieder auf die Str (die jetzt von re kommt) trifft. Jetzt li und auf dem Fußweg oberhalb der Str wandern, bis dieser endet. Die Str überqueren und auf dem Gehweg bis zur Bushaltestelle *Ziegelhütte.* Wieder auf die andere Straßenseite und abw am *Torwächterhaus* vorbei, durch die *Hintere Gasse* zur *Schloßstr.* Jetzt li und ger weiter in die *Mari-*
OM *annenstr.*

• **Hotel-Restaurant-Weinstüble „Haus Nicklass"** - Zentral gelegen, mit komfortabel eingerichteten Gästezimmern. Rustikale

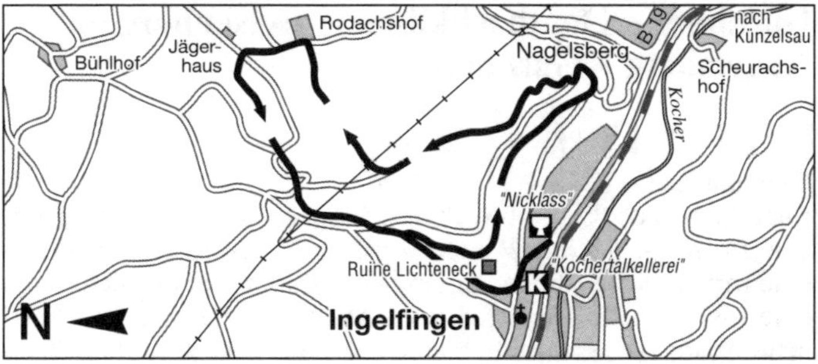

Gasträume, herrliche Gartenterrasse. Die Küche bietet regionale und internationale Spezialitäten und wechselnde kulinarische Schlemmereien. P am Haus. Mittlere Preislage. - *Ru = Fr.*

- **Kochertalkellerei Ingelfingen** - Verkehrsgünstig an der L 1045 Ecke *Mühlstr* gelegen, bietet die Kellerei neben hervorragenden Weiß- und Rotweinen als einmalige Spezialität in *Baden-Württemberg* eine *Portugieser Spätlese* an. Ebenfalls eine Rarität ist der *Portugieser* mit *Trollinger.* Nach Voranmeldung sind Weinproben für bis zu 120 Personen möglich.

Garnberg - Deutbachklinge - Belsenberg - Nagelsberg - Garnberg

Weg und Zeit - 12 km - gut 3 Stdn.

Charakteristik - Eine abwechslungsreiche Rundwanderung um den *Deutberg.* Schöne Wanderwege, z. T. naturbelassen, durch eine romantische Klinge, entlang des *Deutbaches,* der sich durch eine idyllische Talaue schlängelt. Malerische Dörfer und herrliche Ausblicke vermitteln bleibende Eindrücke von der herben Schönheit des *Hohenloher Landes.* Höhendifferenz 111 m.

Anfahrt - Von der Innenstadt *Künzelsau* unmittelbar nach der Kocherbrücke re nach *Garnberg.* - Aus Ri *Langenburg* über L 1033 bis Abzweigung *Garnberg.*

Parken - Für Gäste am *Landgasthof Adler* o. an der Straße.

• **Garnberg** - Ein hoch über dem *Kochertal* (369 m ü. NN) liegender Ortsteil von *Künzelsau* mit ländlichem Gepräge. Markantes Gebäude ist das *„Schlößchen"* mit dem Wappen der *Fürsten von Hohenlohe-Ingelfingen* über dem Eingangsportal.

• **Garnberg - Belsenberg** - gut 1 ½ Stdn - Vom *Landgasthof Ad-*
MA *ler* den *Steinbacher Weg, [Blauer Strich],* auf asphaltiertem Weg leicht auf- und wieder abwärts bis K 2301, li über die Brücke, ca.
OM 100 m bis zur Abzweigung *„Ohrenbach"* gegenüber li, auf asphaltierten Radweg weiter zur *Teufelsklinge.* Nach 400 m Wegegabelung li (LSG). Nach der Schranke auf befestigtem Weg abw bis zur Brücke, an der Wegekreuzung re naturbelassener Weg. Nach 10 Min am zweiten eisernen Steg - gleichzeitig Furt - Bachüberquerung, dann rechtsseitig des *Deutbaches* auf Waldweg, der auf einer Wiese ausläuft, am Wiesenrand immer dem Bachlauf folgend bis zum Weinort *Belsenberg.* (Vor dem Dorf wieder befestigter Weg.)

• **Belsenberg** - (258 m ü. NN) - Am Zusammenfluß von *Österbach* und *Deutbach. Pfarrkirche* mit ummauertem Bezirk (ehemaliger Friedhof). Tonnengewölbter Chor (13. Jh.), Langhaus (15. Jh.). 1704 wurde die Kirche erweitert und ein Westturm gebaut, der durch Blitz zerstört und 1825 wieder erneuert wurde. 1939 wurde das Fachwerk freigelegt. Kircheninneres einfaches Schiff mit Empore und Wandmalereien. In unmittelbarer Nähe steht die *Alte Kelter.* Weinfest im Oktober.

• **Belsenberg - Nagelsberg** - gut ½ Std - *Herrngasse, [Blauer*
MA *Strich],* re über Brücke 200 m aufw bis Wegegabelung, re bis Waldrand (Verlassen des markierten Weges), re, unterer Hangweg mit freiem Blick auf gegenüberliegende Weinberge. Kurz nacheinander 2 Wegegabelungen, jeweils re. Im Buchenwald Wegegabelung li, leicht ansteigend. Bei einer Lichtung steil abw u. nach der Bachüberquerung re, entlang des Wiesenhanges - *Nagelsberg* bereits in Sicht. Nach der Feldscheune re zur Fahr-

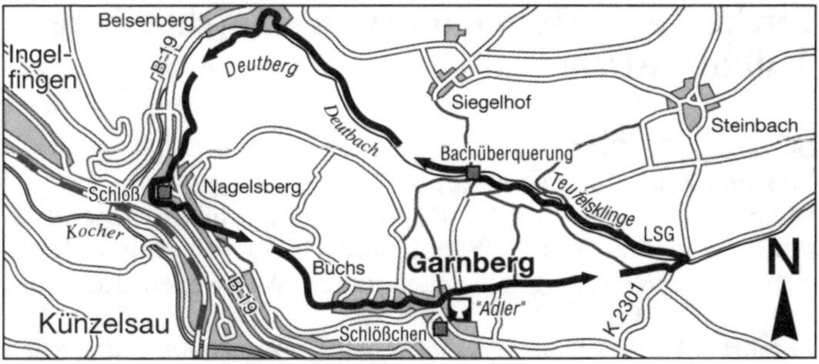

straße. 100 m nach dem Ortsschild *Alte Kelter* mit *Lindenplatz* und *Schloß.*

• **Variante** – Zur Abkürzung kann man in 1 Std von *Belsenberg* *MA*
direkt nach *Garnberg* gehen, *[Blauer Strich].*

• **Nagelsberg** – Ortsteil von *Künzelsau.* Dorf mit langer Geschichte, engen Winkeln und Gassen. Vom Tal aus gesehen, beherrscht das *Schloß* (frühere Burg) das Gesamtbild des Dorfes. Ein Rundgang, vor dem Torbogen re, läßt die mächtige Gesamtanlage erahnen. Dabei großartiger Blick auf das *Kochertal.* 1526 erste urkundliche Erwähnung einer Kapelle. Die Kirche *„St. Jacobus“* wurde aber erst 1607 erbaut. An der nördl. Außenseite ist in einer Nische eine steinerne Madonnenfigur zu sehen.

• **Nagelsberg – Garnberg** – gut 1 Std – Ab der Kirche durch die *OM*
Bruno-Lampert-Straße bis Haus 15 li, *Steige* steil aufw, re. Auf unbefestigten Waldwegen ostwärts, immer parallel zur Hangkante bis Ortsteil *Buchs.* Am Waldrand Grillplatz. Durch die neue Siedlung ostw. zum *Landgasthof* zurück.

• **Landgasthof Adler** – In zentraler Lage mit behaglich komfortablen Gästezimmern. Gasträume gemütlich und rustikal. Familiäre Atmosphäre. Gutbürgerliche regionale Küche. Hausspezialität Pfannengerichte. Untere bis mittlere Preise. *ÖZ: Mo–Sa ab 16.30 Uhr, So ganztägig. Ru = Fr (nur Restaurant).*

Landgasthof
Adler

Geheimtip für Kenner.
Gemütliche Hohenloher Gastlichkeit.

74653 Künzelsau-Garnberg
Tel. 0 79 40/92 96-0,
Fax. 0 79 40/92 96-50

Kirchensall - Wohlmuthausen - Forchtenberg - Mühle - Kirchensall

Weg und Zeit - 16 km - 4 Stdn.

Charakteristik - Genüßliche Rundwanderung in vorwiegend offener Landschaft durch Wiesen und Felder mit weiter Rundsicht. Ab *Forchtenberg* auf angenehmen Waldwegen durch das romantische *Kupfertal.*

Anfahrt - A 6 *Heilbronn-Nürnberg*, Ausf. *Neuenstein*, L 1051 nach *Kirchensall.*

Parken - Gäste-P beim *Landgasthof-Metzgerei Wolff.*

• **Kirchensall - Wohlmuthausen - Forchtenberg** - 1 ¾ Stdn - Vom
OM *Landgasthof* entlang der *Hauptstr* bis zur Bank, li und gleich
wieder re auf der asphaltierten Straße, *Ww [Neureut].* An der
Wegegabelung beim Hochspannungsmast li halten und ger auf
dem Wirtschaftsweg ca. 400 m leicht abw. Nun li und nach
ca. 100 m re aufw durchs *Streitgäßle*, bis zur Einmündung in die
L 1046. Li, ca. 30 m, dann wieder li und ger auf Teerstraße, *Ww*
[Orbachshof]. Von hier aus herrliche Rundsicht auf das *Hohen-*
loher Land. Nach ca. 500 m Wegekreuzung, an der man re geht.
MA Nach ca. 60 m Markierung *[GFW Roter Strich].* Dieser folgen, bis
zur Einmündung in die K 2348 bei der Kläranlage und aufw bis
OM zur Ortsmitte beim *Gasthaus Rose.* Nun li, *ohne Markierung*
Ortsstr *Oberweiler* bis Wegegabelung, dann re durch die Neu-
bausiedlung. Am Ortsende *Steinkreuz* auf der linken Seite. Ger,
am *Friedhof* li vorbei nach *Schwarzenweiler.* L 1046 überqueren
und ger durch den Ort. Am Ortsende halbli und auf asphalt.
Weg bis Wegegabel. Re abw zur L 1048. Diese überqueren und
den Waldweg hinab nach *Forchtenberg.* Bei Austritt aus dem
Wald interessanter Blick auf die *Burgruine* und auf die *maleri-*
sche Altstadt. Nun die *Öhringerstraße* hinab. Nach der Kupfer-
brücke Str überqueren, kurz re und die *Schulstraße* aufw bis
MA zum *Schloßbergweg.* Hier trifft man auf die Markierung *[Rotes*
Kreuz]. Von hier aus kann man einen Rundgang durch die Stadt
unternehmen.

• **Forchtenberg** - Die Stadt wächst wie ein Weinberg Haus um Haus an einem Hügel über dem Kocher empor. *Mittelalterliche Altstadt.* Die Stadtmauer ringsum ist noch wohlerhalten. Ein Gang zur *Burgruine* ist lohnenswert. Heimatort der *Baumeister- und Bildhauerfamilie Kern* in vier Generationen. Erinnerungsstätte im Rathaus für die *Geschwister Scholl* und die von ihnen mitbegründete Widerstandsbewegung *„Weiße Rose“.* Geburtsstätte von *Sophie Scholl.*

• **Forchtenberg - Mühle - Kirchensall** - 2 ¼ Stdn - Vom *Schloß-*
MA *bergweg* über *Michael-Kern-Straße, Gradmannstraße*, folgt man
immer der Markierung *[Rotes Kreuz].* Vor dem letzten Haus auf

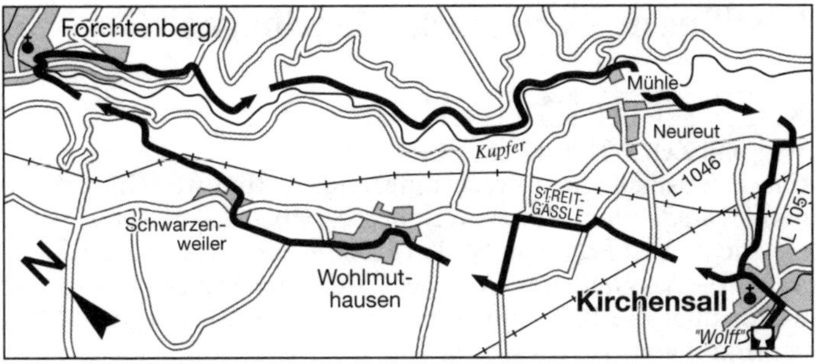

der li Seite biegt ein befestigter Weg ab, der auf einen schönen Waldweg führt. Man ist nun im verträumten *Kupfertal.* Nach 15 Min kreuzt der *[GFW Roter Strich].* Nach einer guten ½ Std überquert man die Brücke über den *Zimmerbach* und trifft nach ca. 400 m auf den *[HW 8 Roter Strich].* Diesem folgt man ger bis zur Mühle. Nun über die Kupferbrücke und die asphaltierte Str aufw, immer der Markierung folgend bis zur L 1051. Re aufw bis zur L 1046, dann wieder re und nach ca. 100 m li, die Str überqueren und ger, auf dem Feldweg bis zum geteerten Weg. Re abw, bis zur Fahrstr, *Ww [Zone 30].* Li abw, zur Ortsmitte. Auf gleichem Weg zurück zum Ausgangspunkt und zur erfrischenden Einkehr im *MW* *OM*

- **Landgasthof-Metzgerei Wolff** - Zentrale Lage. Behagliche Gästezimmer mit Tel, TV, Balkon. Gemütliche, rustikale Gasträume. Behaglich, angenehm familiäre, gepflegte Atmosphäre. Gutbürgerliche Küche. Eigene Schlachtung. Tageskarte, Vesper. Auch Kinder- und Seniorenteller. Bier vom Faß, offene Weine. Untere bis mittlere Preise. - *ÖZ: Di bis Fr mittags und abends. So ab 14 Uhr geschlossen. - Ru = Mo u. Sa.*

Gemütlicher Landgasthof

Landgasthof
Metzgerei
Wolff

Schwäbische fränkische Küche

Öffnungszeiten: **Samstag + Montag geschlossen**
Sonntag ab 14.00 Uhr geschlossen
Dienstag–Freitag mittags und abends geöffnet.

74632 Neuenstein-Kirchensall,
Tel. 0 79 42/5 96 od. 33 41, Fax 43 70

Ingelfingen - Criesbach - Ingelfingen

Weg und Zeit - 11 km - 2¾ Stdn.

Charakteristik - Ein abwechslungsreicher Rundweg führt durch den *Schloßgarten*, durch Weinberge, Obstwiesen, und Wald. Herrliche Ausblicke von beiden Höhenseiten des *Kochers*.

Anfahrt - A 6 *Heilbronn–Nürnberg,* Ausfahrt *Kupferzell*, von dort weiter über die B 19, durch *Künzelsau* nach *Ingelfingen.* - Busverbindungen von *Künzelsau* und *Waldenburg.*

Parken - Von der L 1045 an der Ampel abbiegen. P an der Rückseite der *Kochertalkellerei* entlang der *Mühlstr.*

• **Ingelfingen - Criesbach** - 1¾ Stdn - Die *Mühlstr* aufw und li in die *Schloßstr* einbiegen. Vor der *Schloß-Apotheke* li in den *Grabenweg*, der direkt in den *Schloßgarten* führt.

• **Schloßgarten Ingelfingen** - Der gepflegte *Schloßgarten* mit seinem artenreichen, alten Baumbestand, einem See mit Springbrunnen und einem Kinderspielplatz lädt zum Verweilen ein. An der Rückseite des Schlosses befinden sich die

• **Schloß-Stuben Ingelfingen** - In den liebevoll dekorierten Gasträumen servieren die Wirtsleute fein-bürgerliche Küche. Gerne werden auch Diät-Wünsche erfüllt. Im Ausschank sind heimische Weine sowie italienische und französische. Mittlere Preise. - *Im Sommer ist die Terrasse Mi, Sa und So durchgehend geöffnet. Ru = Di.*

• **Der Weiterweg** - Erst durch den *Schloßgarten*, dann re, die *Schloßstr* schräg überqueren in den *Hundsbergweg*. Hier beginnt
MA der *Weinbaulehrpfad*, Markierung *[Rote Traube]*. Li und re des Weges informieren Tafeln über die Geschichte des Weines, die angebauten Weinsorten, die Arbeitsmethoden im Wandel der Zeiten u. v. m. Der *Weinbaulehrpfad* biegt auf halber Höhe im spitzen Winkel nach re ab. Beim nächsten Querweg nicht dem
OM Lehrpfad nach re abw folgen, sondern ger weiter. Durch Streuobstwiesen und an einzeln stehenden Häusern auf der li Seite geht es weiter bis zu einem auf der re Seite stehenden Bauernhof. Jetzt scharf li. Bei der nächsten Weggabelung halbli, zunächst durch ein kl Waldstück und dann oberhalb der Weinberge. Von hier hat man herrliche Ausblicke ins *Kochertal* bis nach *Künzelsau* und *Niedernhall.* Am Ende des Weinbergs re, beim Querweg li und ger weiter bis zum Waldrand. Jetzt wieder li und bei der Weggabelung halbre. Ein schöner Weg führt oberhalb der Weinberge bis auf die K 2318. Li und nach 30 m wieder
MA li und auf dem mit *[Rotem Strich und GFW]* markierten Weg geht es abw nach *Criesbach.* Am Ortseingang re, dann li in die
OM *Georg-Fahrbach-Str* und auf dieser weiter bis zur Ortsmitte. *GFW* steht für *Georg-Fahrbach-Weg. Georg Fahrbach* ist 1903 in *Criesbach* geboren. Er war langjähriger Vorsitzender des *Schwä-*

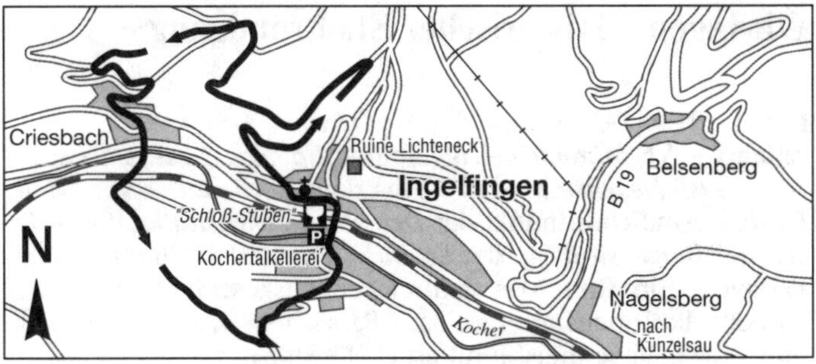

bischen Albvereins und hat am Aufbau des Vereins entscheidend mitgearbeitet.

• **Criesbach - Ingelfingen** - 1 Std - Die *Kochertalstr* überqueren, über die Brücke, an der *Fa. GEMÜ* re vorbei und über die stillgelegte Bahnlinie. Den 2. Weg oberhalb der Kläranlage halbli aufw in den Wald einbiegen. Der Weg mündet in die *Lipfersberger Str,* Markierung *[Blauer Punkt].* Jetzt abw bis nach der *MA*
Lerchenstr li eine Fußgängertreppe zur *Finkenstr* führt, nun re und dem gut markierten Fußweg bis zur *Kocherbrücke* folgen. *OM*
Die *Kochertalstr* überqueren und zurück zum Ausgangspunkt.

Schloß-Stuben
INGELFINGEN

74653 Ingelfingen
Schloßstraße 14
Tel. 0 79 40/5 80 30
Fax 0 79 40/5 75 34

Ein sympathisches Haus in historischen Räumlichkeiten

Schloß-Stuben
INGELFINGEN

Inhaber:
Markus Schattmann

Herrliche Sommerterrasse zum Schloßpark. Angenehme und gepflegte Gastlichkeit.

Öhringen - Historischer Stadtrundgang

Dauer - 1–1½ (–2) Stdn.
Anfahrt - A 6 *Mannheim–Heilbronn–Nürnberg*, Ausf. *Öhringen* - A 81, *Ausf. Neuenstadt a. K.* - Aus dem *Kochertal.* - Von *Mainhardt.* - Am Schnittpunkt der *Deutschen Ferienstraße Alpen–Ostsee*, der *Burgenstraße* u. der *Schwäb. Weinstraße.* - *Bahnstation.*
Parken - Ein Ring von zahlreichen ausgeschilderten P umschließt die Innenstadt (z. T. mit Parkschein bis zu 4 Stdn). P und Einzelplätze meist limitiert (1–1½ Stdn).

• **Öhringen - Alte Residenz an der Burgenstraße** - Ein liebenswürdiges Städtchen im Herzen des *Hohenloher Landes* in der Talaue der *Ohrn*, inmitten eines Gartens voller Obst und Wein. Ein geschichtsträchtiger Ort, dessen weitgehend unverfälschte Altstadt noch etwa zu zwei Dritteln von der ehem. Stadtmauer umgeben ist. Mit der *Stiftskirche*, dem *Schloß* und den alten *Bürgerhäusern* hat sich die Impression einer kompakten mittelalterlichen Residenzstadt bis heute erhalten.

• **Aus der Geschichte** - In der *Römerzeit* war *Öhringen*, damals *vicus aurelianus* (nach *Kaiser Marcus Aurelius),* ein starker Militärstützpunkt mit 2 Kastellen und eine bedeutende Zivilsiedlung. Der *Limes*, ein fünf Meter hoher Grenzwall, bot den *Römern* lange Zeit ausreichenden Schutz. Doch 260 n. Chr. wurden sie von den *Germanen* überrannt. Noch heute markiert der *Limeswanderweg*, der von *Sindringen* kommend mitten durch das jetzige Stadtgebiet nach *Baierbach* führt, die damalige Grenze. - *Öhringen* wird als *Oringowe* mit dem 1037 gegründeten *Chorherrenstift* erstmals urkundl. erwähnt. - Der *Stauferkönig Konrad IV.* gab *Öhringen* 1250 seinem treuen *Ritter Gottfried v. Hohenlohe* zum Lehen. Damit begann die Herrschaft des Hauses *Hohenlohe.* Erst 1806 mußte das *Fürstentum Hohenlohe* auf Anordnung *Napoleons* die Regierungsgewalt an den *König von Württemberg* abtreten. - 1809 *Oberamtssitz.* - 1938–73 Sitz eines *Landkreises.* - 1973 Bildung des *Landkreises Hohenlohe* aus den Gebieten der Landkreise *Öhringen* und *Künzelsau*, Sitz in *Künzelsau.* - Heute ist *Öhringen Große Kreisstadt.*

• **Der Rundgang** - In komprimierter Form, angelehnt an die ausführliche Broschüre *„Historischer Stadtführer durch Öhringen – alte Hohenloher Residenz“* vom *Öhringer Heimatverein e. V.* mit Unterstützung der *Stadt Öhringen.* - **1) Ev. Stadtkirche, ehem. Stiftskirche St. Peter und Paul.** Im Stiftungsbrief von 1037 wurde das *Chorherrenstift* von der *Gräfin Adelheid*, Mutter *Kaiser Konrads II.*, und ihrem Sohn, *Bischof Gebhard von Regensburg*, dem *Bistum Regensburg* übereignet. Neubau im spätgotischen Stil 1451–1500, zunächst *Krypta*, *Chor* und *Türme*, dann das dreischiffige *Langhaus* als Staffelhalle. Um 1506 waren die *Stiftsgebäude* mit *Kreuzgang* und *Seitenkapelle* (urspr. Kapitelsaal) vollendet. Die ungleichen

Türme sind ein Wahrzeichen der Stadt: *Läutturm* (Glockenturm) und *Blasturm* mit 8 Stockwerken und Umgang, städt. Wachturm, früher mit der Wohnung des Türmers, histor. *Hohenloher Archivturm.* Seit 1991 ein *turmspezifisches Museum* des *Öhringer Heimatvereins,* Turmführungen auf Anfrage (07941/61999). Die *Skulpturen v. Petrus und Paulus* stammen aus der Mitte des 13. Jh. Aus dem sehenswerten *Inneren:* Bedeutender geschnitzter *Hochaltar* (um 1500) eines unbekannten Meisters: *Maria* zwischen *Petrus* u. *Paulus,* außen *Hieronymus* u. *Veith. Glasmalereien* (ab 1460). Spätgot. *Margarethen-Altar* (*Sigginger-Gockenschnabel-Altar)* i.d. Seitenkapelle. Beeindruckende *Grabdenkmale* des *Hauses Hohenlohe* aus Renaissance und Barock (*„Hohenlohisches Mausoleum“). Kanzel* (1860). *Krypta: u.a. Hochgrab* (1241) der Kaisermutter *Adelheid. Doppel-Tumba* (nach 1503). *Portal-Löwen* (um 1050). – **2) Hohenlohisches Residenzschloß** (Sitz der *Stadtverwaltung).* Einflügeliger, dreigeschossiger Bau, err. 1611–16 von *Georg Kern* auf Veranlassung von *Gräfin Magdalena v. Hohenlohe,* geb. *v. Nassau-Katzenelnbogen,* Witwe des *Grafen Wolfgang II. v. Hohenlohe.* Erweiterungen und Anbauten 1681–83, 1714/15, 1770–75, 1813/14. Umfassende Erneuerungsarbeiten im Innern ab 1975. Seit 1977 Sitz der *Stadtverwaltung.* – **S) Die Schloßkellerei des Fürsten zu Hohenlohe-Oehringen** benutzt weiterhin den riesigen Keller und besitzt im Erdgeschoß eine verlockende Probierstube, in der die Besucher die edlen Tropfen des *Verrenberger Verrenbergs* verkosten und erwerben können (s. auch S. 47). – **3) Marktplatz.** Ehem. *Begräbnisplatz* (schon vor 1037), der 1506 vor die *Stadtmauer* verlegt wurde. Danach entwickelte sich der heutige große *Marktplatz* (ältere Marktplätze am *Hafenmarkt, Rathausplatz,* und in der *Altstadt).* 1253 wurden die bereits bestehenden Rechte der Stadt, darunter auch das *Marktrecht,* im *„Öhringer Weistum“* niedergeschrieben. 1984 Platzneugestaltung. – **4) Marktbrunnen,** 1554, Renaissance, mit Standbild des *Grafen Albrecht III. v. Hohenlohe* mit Harnisch, Schild u. Zepter (Kopie von 1985), Brunnentrog, 18. Jh., Rokoko. – **5) Ratstrinkstube – Brot- u. Kornhaus,** 1568 urkundl. genannt, ab 1778 zeitweilig *Fürstl. Hofkammer.* Fränkischer Fachwerkbau mit

... wo Gastlichkeit zuhause ist ...

HOTEL POST
« Württemberger Hof »
Inhaber: Axel Zitterer

Traditionsreiches Haus

Kultivierte Gastlichkeit

74613 Öhringen, Am Oberen Tor,
Tel. 0 79 41/92 00-0, Fax 92 00-80

schönem Erker. – **6) Hofapotheke**. Gebäudegruppe aus 2 *Fachwerkhäusern* von 1591, renoviert 1994. Steinerner Unterbau mit guten Renaissance-Elementen. Prächtiger Fachwerkaufbau, symbolisch von einem dummen Teufel gestützt. Am Rahmen des Seiteneingangs die *Medaillons* der *Frankenkönige Childerich* u. *Chlodwig.* – Vom *Marktpl* an Hs. Nr. 2 vorbei zur *Poststr.* – Gleich li, Hs. Nr. 57, die **7) Kaiserliche Reichspoststation.** Fränk. Fachwerkbau. Unter dem doppelköpfigen *Reichsadler* das Wappen der *Fürsten von Thurn und Taxis,* den Besitzern der Posthoheit. – Daneben **8) Ehem. Gasthaus zum Römischen Kaiser,** 1800, Kaiserstandbild mit Krone, Zepter und Schwert. – *Poststr* stadtauswärts zu Hs. Nr. 66: **9) Pfarrhaus,** erb. 1735 von der *Stiftsverwaltung,* 1987 restauriert. *Stiftswappen* mit 2 über Kreuz gelegten Schlüsseln. – Schräg gegenüber Hs. Nr. 71: **10) Hohenlohisches Haus,** vornehmer Bürgerbau von 1739, restauriert 1988. – Weiter zum **11) Oberen Tor.** Erb. 1792 unter *Fürst Ludwig Friedrich Karl zu Hohenlohe-Neuenstein-Öhringen* von den *Gebrüdern Glenck* in klassizistischem Stil. *Fürstenwappen* der Hauptlinie *Hohenlohe-Neuenstein.* Renoviert 1991. – Dahinter re **P) Hotel Post „Württemberger Hof"** – *„Wo Gastlichkeit zuhause ist".* Erb. 1782, Hotel seit 1865, erweitert 1978 u. 1989. Behagliche Komfortzimmer. Stilvolle Gasträume. Gartenterrasse. Angenehme Atmosphäre. Kreative Küche. „Spezialitäten aus Hohenlohe u. Schwaben". „Michelbacher Winzerpfanne". Rostbraten vom „Hohenloher Rind". Fisch. Wild. Käsespätzle. Maultaschen. Schöne Verrenberger Weine. Mittl. Preise. Gr P beim Haus. – *Kein Ru.* – **12) Karlsvorstadt.** Der Ausbau zur Residenz unter *Fürst Ludwig Friedrich Karl zu Hohenlohe-Neuenstein-Öhringen* erforderte eine Stadterweiterung nach Osten. Ab 1782 wurde nach Plänen der *Gebrüder Glenck* diese repräsentative klassizistische Anlage mit fürstlichen Gebäuden und Bürgerhäusern erstellt. – Vom *Oberen Tor* innerhalb der *Stadtmauer* durch die *Schafgasse. Haagweg* li, entlang der **13) Stadtmauer am Haagweg,** erb. um 1240, besonders eindrucksvoller Abschnitt der malerischen *Stadtmauer,* die zum großen Teil noch erhalten und z. T. restauriert ist. – In der *Bismarckstr* (Nr. 13) das **14) Gelbe**

GASTHOF KRONE

Familie Weinstock-Wagner

Immer eine gute Adresse für die gemütliche Einkehr.
Erleben Sie einen angenehmen Aufenthalt.
Gästezimmer mit DU und WC.

74613 Öhringen, Marktstraße 24, Tel. 0 79 41/72 78

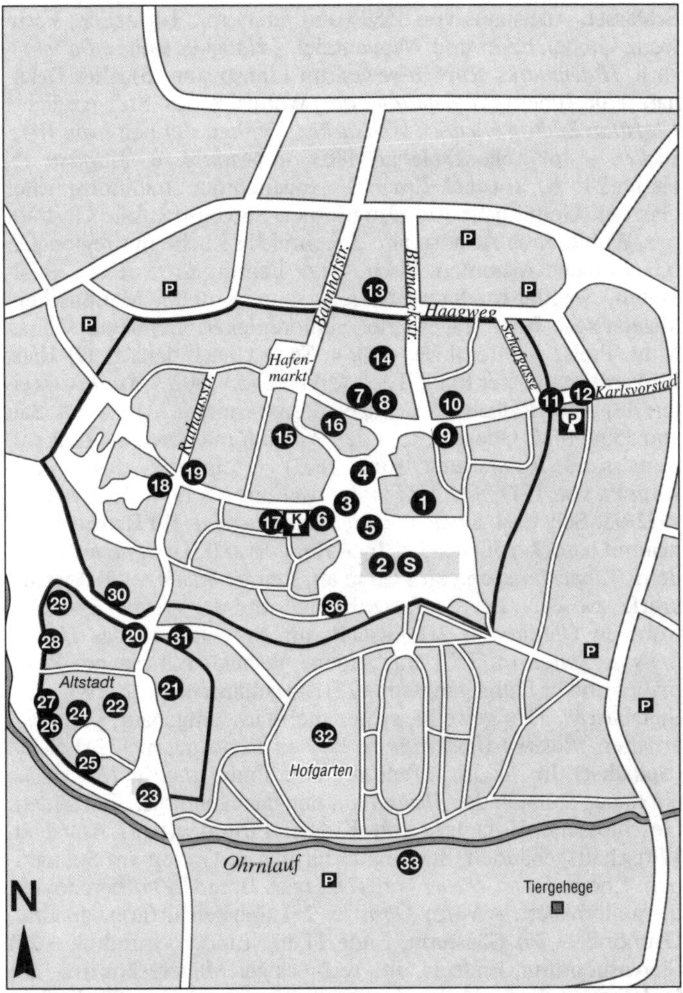

Besuchen Sie unsere historischen und aktuellen Sehenswürdigkeiten!

Große Kreisstadt
Öhringen
Marktplatz 15
74613 Öhringen
Telefon (0 79 41) 68-0

Öhringen
Das Schlüsselerlebnis im Hohenloher Land

Schlössel. Adelshaus von 1580 (und älter) mit Türmchen, Fachwerk, Giebel, Erker und Wappentafel. – *Haagweg* weiter, *Bahnhofstr* li. *Hafenmarkt. Kirchgasse* ger, im Linksbogen **15) Altes Dekanat,** 1706, ehem. *Stiftsprädikatur.* Wohnsitz des Stiftspredigers *Christian Ludwig Friedrich Weizsäcker,* Ahnherr der Fam. *von Weizsäcker.* – **16) Volksschule** ab 1803. – *Marktpl* re, *Marktstr* re, Hs.Nr.24: **K) Gasthof Krone** – Angenehmer, traditionsreicher Gasthof. Gemütliche Komfortzimmer. Stilvoll-rustikale Gasträume. Wohltuende Atmosphäre. Ideenreiche Küche mit regionalen u. saisonalen Akzenten. Fisch, Wild, Lamm. Zarte Steaks, Rostbraten, Siedfleisch. Saure Nieren, saure Kutteln. Maultaschen. Vegetarische Kost. Tageskarte. Seniorenteller. Gepflegte Weine. Mittl. Preise – Öffentl. P. – *Ru = Sa.* – Gleich danach **17) Haus Burkardt,** stattlicher fränk. Fachwerkbau von 1602. – *Marktstr* weiter: **18) Altes Rathaus.** Prächtiger dreigeschossiger gotischer Bau von 1504. Im 2.Obergeschoss der *Ratssaal* mit Kassettendecke u. Renaissance-Ausstattung (um 1603). Freiplastik des *Grafen Kraft VI.* von 1549. Sitz der Stadtverwaltung bis 1979. Renovierung 1992/93. Seit 1994 *Stadt- und Heimatbücherei.* – **19) Rathausbrunnen** mit barocker Justitia, 18.Jh. – *Rathausstr* li, *Ledergasse* li, nach dem *Wappenbrunnen* von 1736 re ab, *Brückenmühle.* – **20) Altstadtbrücke** zwischen der stauferzeitl. Stadt und der *Altstadt* über den früheren *Ohrnlauf.* – **21) Altstadt.** Im Anschluß an das *Hohenlohische Spital* um 1370 entstandene Vorstadt mit eigener Ringmauer und br Durchgangsstr. – **22) Altstadtbrunnen** von 1685. – **23) Spitalkirche,** 1376 geweiht, später mehrfach umgebaut, got. *Chor* erhalten, *Rokoko-Glockenturm.* 1997 in Renovation. – **24) Spital (Spitalhof).** Im 14. Jh. stiftete die edle Frau, *Anna v. Hohenlohe,* ein neues Spital in der *Altstadt* mit den dazugehörigen Gebäuden. Geschlossene Hofanlage mit Kirche, Pfründnerbau, Amtsbau, Wirtschaftsgebäuden, Stadtmauertürmen u. Garten am Stadtgraben. Ehem. *Spitalscheuer* von 1772, nach Brand 1994/95 renoviert u. modernisiert. – Vorm *Ohrn* re: **25) Spitalarchivturm,** quadrat. Grundriß. – **26) Gänsturm,** Ende 14.Jh., runder Grundriß. – **27) Storchsnestturm,** Ende 14. Jh., rechteckiger Mauereckturm. – **28) Malefizturm,** Ende 14. Jh., Gefängnis für Übeltäter. – **29) Keßler- oder Göckelsturm,** Ende 14.Jh. – Dahinter scharf re. – **30) Brennhäusle,** frühere Töpferei zwischen *Ohrn* u. *Stadtmauer.* – Unter der *Altstadtbrücke* hindurch zu **31) Obelisk im Hofgarten,** *„Den guten Bürgern der Stadt Öhringen"* von ihrem dankbaren Fürsten 1815 errichtet. – **32) Hofgarten.** 1712/17 von *Graf Johann Friedrich II.* im frz. Stil angelegt, 1787 im engl. Stil umgestaltet. Heute in städt. Besitz. Im Bogen zur *Ohrnbrücke.* Dahinter der **33) Theaterbau,** 1743 als Orangerie erb., 1787 Einbau des Theaters, heute *Bürgerhaus.* – Tiergehege, *Ohrnbrücke,* danach mit herrlichem Blick auf die Türme von *Schloß* u. *Kirche* durch den Park zurück.

• **Weitere Sehenswürdigkeiten** – *St. Anna-Kapelle,* 1520/1580, ca. 80 Epitaphe. – *Ältestes Prädikaturhaus* (1508).

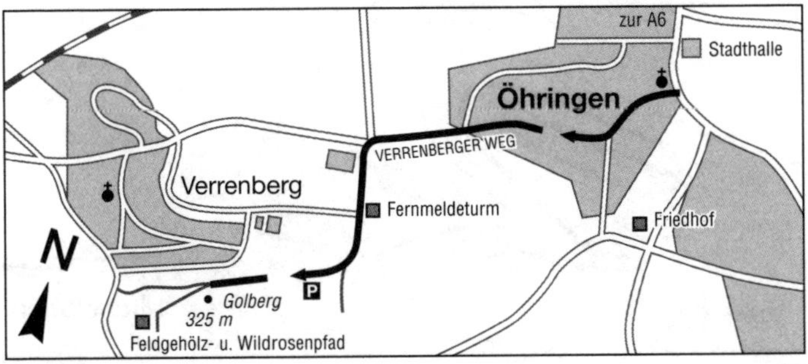

Öhringen - Lehrpfad Golberg - Lage Verrenberg

• **Feldgehölz- und Wildrosenpfad Golberg** - Angelegt 1992/93 vom *Schwäbischen Albverein - Ortsgruppe Öhringen* auf der Nordseite des *Golbergs* oberhalb des *Stadtteils Verrenberg. Weglänge etwa 500 m.* Vom *Schwäb. Albverein* wurden hier 32 *Baum- und Straucharten* (die sog. *Feldgehölze)* sowie *28 heimische Wildrosenarten* gekennzeichnet. Ein Teil davon wurde von der *Stadtgärtnerei Öhringen* und von *Albvereinsmitgliedern* angepflanzt. *Pflanzenliste* bei der *Stadtverwaltung.* - Jede Begehung ist ein besonderes Erlebnis. - *Zeichen: [Rose].*

• **Weinlage Verrenberger „Verrenberg"** - Seit 1360 gehören der *Herrschaft Hohenlohe* Weinberge am *Verrenberg.* Heute befindet sich die Lage *Verrenberger „Verrenberg"* mit etwa 18 ha im Alleinbesitz des *Fürsten Kraft zu Hohenlohe-Oehringen.* Die schweren Keuperböden geben den Weinen nicht nur eine ausgeprägte Säure mit auf den Weg, sondern auch reichlich Extrakt. Die ausschließlich im Holzfaß ausgebauten Weine sind allesamt trocken und bestechen bei den Rotweinen durch samtige, gerbstoffreiche Nuancen, bei den „männlichen" Weißweinen durch kraftvolle Eleganz. Ein *Verrenberger „Verrenberg" Riesling trocken* zählt zu den Spitzenweinen dieser Welt. Es lohnt sich, die edlen Tropfen in der *Schloßkellerei* (s. auch S. 43) zu verkosten!

Trockene Weine aus dem Weingut Verrenberg
Fürst zu Hohenlohe-Oehringen'sche
Schloßkellerei Oehringen

74613 Öhringen, Im Schloß, Postfach 1409,
Telefon (0 79 41) 9 49 10, Fax (0 79 41) 3 73 49

Geschäftszeiten: Montag bis Freitag von 8.00 bis 12.00 Uhr und 13.00 bis 17.00 Uhr. Erster und dritter Samstag im Monat von 9.00 bis 12.00 Uhr.

Mitglied im Verband
Deutscher Prädikatsweingüter

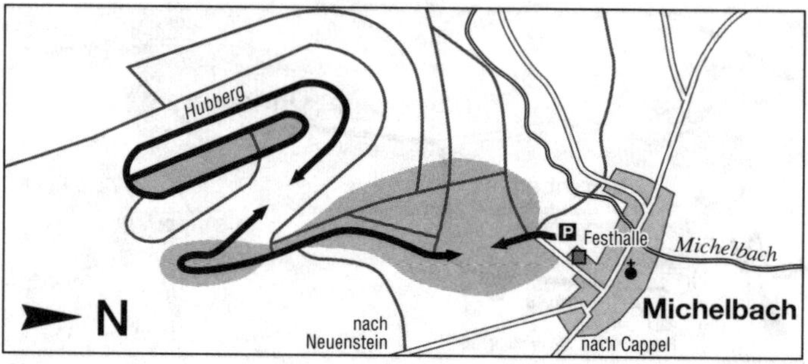

Öhringen – Weinlehrpfad u. Geolog. Lehrpfad Michelbach – Obstlehrpfad Baumerlenbach

• **Weinlehrpfad Öhringen–Michelbach a. W.** – Initiiert von Bürgermeister *J. K. Kübler* u. *T. Kunz* aus *Michelbach*, gefördert vom *„Naturpark Schwäbisch-Fränkischer Wald e. V."* und der *„Weingärtnergenossenschaft Michelbach-Söllbach e. G."*
Er wurde 1990 als erster Weinlehrpfad auf Öhringer Gemarkung angelegt. *Weglänge* durch die Weinberge im Gipskeuper *2,4 km. 31 lehrreiche Schau- und Informationstafeln.* Herrliche Ausblicke. *Weinberghäuschen* (18. Jh.). – *Zeichen: [Traube].*

• **Geologischer Lehrpfad Öhringen-Michelbach a. W.** – Initiiert vom Forstdirektor *W. Thiry*, wurde er 1992 auf den Markungen *Michelbach a. W.* und *Obersöllbach* als erster geolog. Lehrpfad im *Hohenlohekreis* angelegt. Finanziell gefördert wurde das Projekt durch das *Land Baden-Württemberg.* Die wissenschaftliche Konzeption lag bei *Dr. H. Hagdorn.*
Der Lehrpfad erschließt dem Wanderer die ca. 100 m mächtige Schichtenfolge des Gipskeupers vom Ortsrand von *Michelbach* durch Wiesen und Weinberge zum *Berghäusle*, das bereits zu *Obersöllbach* gehört. Ein landschaftlich reizvoller Weg, der herrliche Ausblicke auf die *Hohenloher Ebene* bietet.
Dauer ca. 1½ Stdn. – *7 Stationen* mit sehr informativen *Lehrtafeln* über die Zeit der *Oberen Trias*, als vor ca. 230 Mio. Jahren Europa noch in den Subtropen lag und zeitweilig vom Meer überflutet wurde. – *Zeichen: [Stein].*

• **Obstlehrpfad Öhringen-Baumerlenbach** – Angeregt von *J. K. Kübler, Fr. Mayer* u. *Dieter Reissig.* Technische Ausführung 1992 durch *D. Laidig. Baumerlenbach* gilt als *das Obstbauzentrum Nordwürttembergs.*
Der Lehrpfad beginnt beim *Sportplatz.* Kurzweg = 45 Min, Normalweg = 1½ Stdn. – Auf *10 Schautafeln*, lehrreich und klar verständlich, werden alle wichtigen Themen des Obstbaus abgehandelt. – *Zeichen: [Apfel].*

• **Infos und Broschüre:** *Stadtverwaltung Öhringen.*

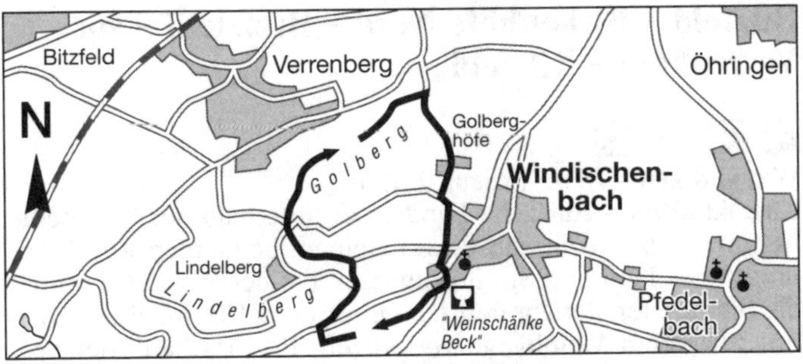

Windischenbach - Rundweg Golberg

Weg und Zeit - 5 km - 1 ¼ Stdn.
Charakteristik - Prächtiger Weinberg, herrliche Ausblicke!
Anfahrt und Parken - Von *Öhringen* (s. S. 42) 3 km. In *Windischenbach Adolzfurter Str* ganz durch, P *Weinschänke* (li).

• **Der Rundweg** - Von der *Weinschänke Adolzfurter Str OM* 25 m *OM*
ortsauswärts, *Schulstr* halbre, dann befest. Weg durch freies Feld.
Querweg re, *[Blaues Kreuz]*, auch *[Rote Traube]*. Kreuzung Fahr- *MA*
str, dahinter am *Lindelberghang* re aufw (li Reben, re Obst). Linksbogen abw **(!)**. *Wander-*P. Kreuzung li. Befest. Weg ger, danach Rechtsbogen aufw. Pfädchen *[Fußweg]* li versetzt aufw zur gr *Freizeitanlage Golberg* (325 m). Rundsicht, u. a. auf *Verrenberg, Öhringen, Windischenbach.* Der Länge nach übers Plateau, dann abw bis zu befest. Querweg. Diesen re ab, *OM, Goldberghöfe.*
Kreuzung ger, Querweg li, am Ortsschild re aufw. Kreuzung, *El-* *OM*
sterstr ger, vor Hs. Nr. 9 li zur *Adolzfurter Str,* 100 m re zur

• **Weinschänke Rose Beck** - Eine gemütliche, freundliche und sympathische Weinstube mit Gartenterrasse. Weithin bekannt durch ihren Rostbraten, durch herzhafte Schlachtessen, div. Wildgerichte und deftige Vesper. Köstliche Weine, auch Faßwein. Untere bis mittl. Preise. - *Ru = Mo bis Mi.*

Weinschänke Beck

eine zünftige Rast und Einkehr

Rosa Beck
Adolzfurter Str. 69
74629 Windischenbach
Telefon 0 79 41/85 06

Bitzfeld – Birkenhöfe Nord – Bretzfeld – vor Verrenberg – Bitzfeld

Weg und Zeit – 7 km – knapp 2 Stdn.

Charakteristik – Auch die Landschaft unterhalb der Weinberge hat ihre Reize. Während dieses kleinen, bequemen Rundwegs über freies Feld und Streuobstwiesen hat der Wanderer immer die Silhouetten der vor den *Löwensteiner* und *Waldenburger Bergen* gelagerten Weinhänge vor Augen. Ein beschaulicher Spaziergang nach einem guten Essen in einem der beiden *Bitzfelder* Gasthäuser.

Anfahrt – A 6 *Heilbronn–Nürnberg,* Ausfahrt *Bretzfeld.* In *Bretzfeld Bitzfelder Str* li. – Nächste Bahnstation ist *Bretzfeld.*

Parken – Gäste-P beim *Gasthaus zum Löwen* oder beim *Gasthaus-Hotel Rose* in *Bitzfeld.*

• **Gasthaus zum Löwen** – Ein gemütliches Wirtshaus im ländlichen Stil. Gutbürgerliche Küche in behaglicher, familiärer Atmosphäre. Herzhafte schwäbische Speisen, daneben bekannte internationale Spezialitäten mit saisonalem Akzent. Die Wildgerichte sind vorzüglich. Herrliche Weine aus der Umgebung. Angemessenes Preis-Leistungsverhältnis. – *Ru = Fr.*

OM • **Der Rundweg** – Vom *Löwen ohne Markierung* an der L 1036
ortseinwärts. *Weißlenburger* Str li. Nach der Kirche stoßen die
MA Wanderer von der *„Rose"* hinzu. Bei Gabel li mit *[Blauem
Punkt], Ww [Grünes Häusle]. Sommerhalde* li, am Ortsausgang
bei Dreiwegegabel ger, *Ww [Birkenhöfe Nord].* Jetzt geht es
schnurgerade über freies Feld mit Blick auf das Panorama der
Löwensteiner Berge. Am Querweg bei einem der zahlreichen
Aussiedlerhöfe *(Birkenhöfe)* nicht der Markierung folgen, son-
OM dern li mit *Ww [Fahrradweg Schwabbach].* L 1036 überqueren
und immer ger bis *Bretzfeld. Humboldtstr* ger, *Einsteinstr* halbli.
In der Ortsmitte *Bitzfelder Str* li, nach 200 m *Lindelbergstr* re, *Ww
[Radweg Verrenberg].* Der *Lindelbergstr* folgen und auf Eisen-
bahnbrücke aus dem Ort hinaus. Auf Fahrstr bis zur gr Kreu-
zung unterhalb der Rebhänge des *Lindelbergs.* Hier li mit *Ww
[Radweg Verrenberg].* Kurz vor dem bekannten Weinort *Verren-
MW *berg* auf befestigtem Feldweg li mit *[Blauem Punkt]* u. *Ww
[Bretzfeld].* Auf diesem Weg gelangt der Wanderer gemütlich in
½ Std zurück zum Ausgangsort *Bitzfeld.*

• **Gasthaus-Hotel-Metzgerei Rose** – Ein ländlicher Gasthof der gehobenen Kategorie. In einer sehr persönlichen und herzlichen Atmosphäre wird der Gast mit einfallsreicher Gourmetküche verwöhnt. Ob deftige Vesper, original schwäbisches Gericht oder ausgesuchtes Feinschmecker-Menü, alles ist großartig zubereitet. 12 Komfortzimmer, Sauna, Solarium. Mittlere bis gehobene Preise. – *Ru = Do.*

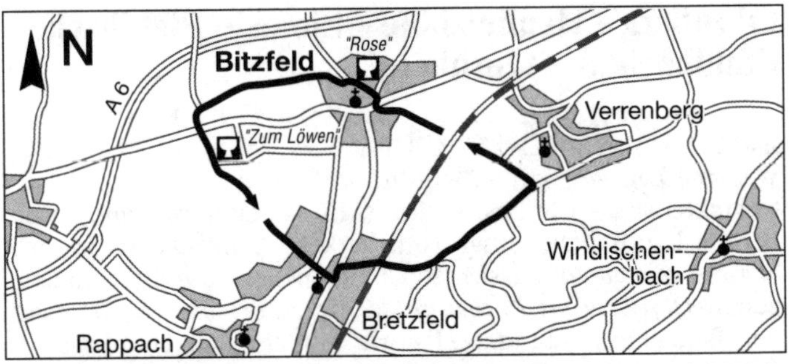

• **Weitere Wandermöglichkeit** – Ausgangspunkt einer sehr schönen Wanderung ist der Wander-P am *Weißlenberg.* Anfahrt mit PKW über *Bretzfeld, Adolzfurt,* L 1090 Ri *Unterheimbach.* Kurz nach *Adolzfurt* li Ri *Windischenbach.* Nach 1½ km Wander-P.
Von hier aus mit *[Blauem Kreuz]* über *Hälden* bis zum Friedhof *MA*
oberhalb von *Geddelsbach.* Mit *[Rotem Strich]* steil aufw. Oben li *MW*
bis *Buchhorn,* K2346 überqueren u. *ohne Markierung* oberhalb *OM*
der Weinberge weiter. 15 Min nach Eintritt in den Wald bei Gabel li auf der *Roten Steige* zurück zum Wander-P – 8½ km – 2½ Stdn.

Gasthaus zum Löwen

Traditionsbewußte schwäbische Gastlichkeit lädt zum Verweilen ein. Auf einen Besuch freut sich

Birgit Wolf, 74626 Bitzfeld, Alte Straße 15,
Telefon 0 79 46/13 88, Fax 0 79 46/68 29, Freitag Ruhetag

Rose
Bitzfeld
... gemütlich und stilvoll

Gasthaus Hotel
Metzgerei

Familie K. Carle

Ob zur Erholung, zum Tagen
oder zum Schlemmen.
Genießen Sie !

74626 Bretzfeld-Bitzfeld, Tel. 0 79 46/77 50, Fax 77 54 00

Ohrnberg - Heuholzhöfe - Limes - Pfahlbach - Pfahlbachtal - Ohrnberg

Weg und Zeit - 8 ½ km - 2 ¼ Stdn.

Charakteristik - Ein beschaulicher Rundweg durch eine bezaubernde Landschaft, fernab vom Verkehrslärm. Die Wanderung beginnt mit einem aussichtsreichen Anstieg vom idyllisch gelegenen *Ohrnberg* im *Kochertal* auf die *Hohenloher Ebene.* Nach der Begegnung mit der Historie am ehemaligen römischen Grenzwall *Limes* geht es durch das weltvergessene, verträumte Dorf *Pfahlbach.* Der Rückweg durch das romantische *Pfahlbachtal* ist landschaftlich ganz besonders eindrucksvoll. Der Anstieg am Anfang ist auch von ungeübten Wanderern zu bewältigen.

Anfahrt - A 6 *Heilbronn-Nürnberg*, Ausfahrt *Öhringen*, kurz nach *Unterohrn* re Ri *Ohrnberg.* - A 81 *Heilbronn-Würzburg*, Ausfahrt *Neuenstein*, auf landschaftlich schöner Strecke durchs *Kochertal* über *Gochsen, Hardthausen, Kochersteinsfeld* und *Möglingen.*

Parken - Gr öffentlicher P an der *Sindringer Str* unterhalb der Kirche, ca. 100 m von der *Weinstube Sonnenstüble* entfernt.

• **Weinstube Sonnenstüble** - Ein gemütliches, ländliches Wirtschäftle mit fränkisch-schwäbischer Küche. Die Speisekarte ist klein, die Gerichte sind dafür um so köstlicher zubereitet. Deftige Hausmacher-Wurst aus eigener Schlachtung und schöne Weine aus eigenen Lagen werden auch zum Mitnehmen verkauft. Günstige Preise. - *Geöffnet die ersten 14 Tage im Monat, im Sommer jedes Wochenende.*

• **Der Rundweg** - *Ohrnberg*, ein reizender kleiner Ort mit vielen schönen alten Häusern und einer friedlichen Atmosphäre, liegt abseits der großen Touristenströme an der Einmündung des *Ohrntals* in das *Kochertal.* Vom P unterhalb der Kirche *Sindrin-*
MA *ger Str* re, *Heuholzstr* mit *[Blauem Strich]* re. Über den *Gaisberg* li aus dem Ort hinaus. Nach kurzem steilem Anstieg mit herrlichem Blick auf *Ohrnberg*, das *Kocher-* und *Ohrntal*, Str ger überqueren. Der Weg tritt nach 5 Min erneut auf die Str. Hier
OM 10 m re, dann *ohne Markierung* vor Holzhütte li. Auf Fahrstr über freies Feld an den *Heuholzhöfen* vorbei zum Waldrand. Hier zunächst re am Waldrand entlang, später auf wenig befahrener Str durch den *Heuholzwald.* Nach knapp ½ Std erreicht der Wanderer den ehemaligen römischen *Limes-Grenzwall.* An dieser Stelle zwischen *Pfahlbach* u. *Westenbach* ist auf einer Länge von 270 m der am besten erhaltene *Limesabschnitt* in *Hohenlohe* zu sehen. Der interessierte Wanderer kann hier sehr gut erahnen, wie mächtig einst der ursprünglich 9 m breite und 3 m hohe Wall mit dem 2 ½ m tiefen Graben und der Palisadenmauer gewesen sein muß. Auf dem *Limeswanderweg* li weiter mit *[HW*

oben: Stadt Ingelfingen
unten: Jagdschlößchen in Mainhardt

Stimmung beim Büttenlauf auf dem Criesbacher Weinfest

oben: Öhringen, Schloß mit Stiftskirche
unten: Waldenburg, Blick auf die Schanz – Nachtwächterturm

Weinprobe im Schloßkeller zu Öhringen

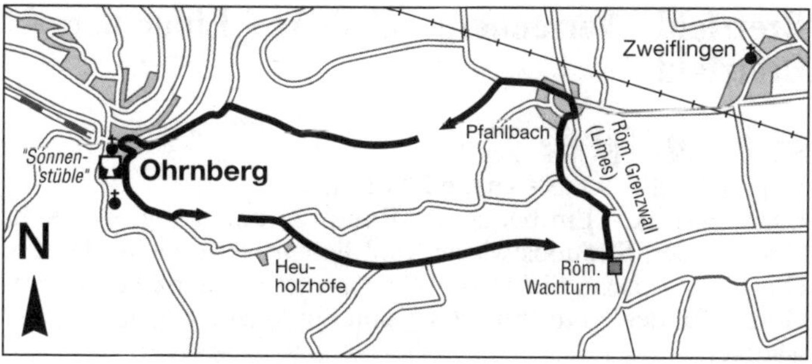

6, Rotem Strich], Ww [Pfahlbach]. Nach 5 Min aus dem Wald *MA* hinaus, vorbei an einem idyllisch gelegenen kl Weiher und li leicht abw in langgezogener Rechtskurve in das kleine Dorf *Pfahlbach.* Am Ortseingang halbre zur Durchgangsstr, der *Schießhofer Str.* Hier li. Nach 200 m in der Rechtskurve *ohne* *OM* *Markierung Hörnlesweg* li. Über die *Burgstr* aus dem Ort hinaus. Nach 200 m auf freiem Feld vor Holzhütte li, bei Gabel nach 50 m halbre. Mit schönem Blick über das leicht hügelige Umland, die Felder und Streuobstwiesen bis zum Waldrand. Ger in den Wald hinein und leicht abw durch das liebliche u. romantische *Pfahlbachtal* zurück zum Ausgangspunkt in *Ohrnberg.*

• **Weitere Wandermöglichkeit** - *Ohrnberg - Kocherkanal - Sindringen - Eichach - Ohrnberg* - 13 km - 3 ½ Stdn - Über die gr *Kocherbrücke, Seehäldenweg* re, immer ger am *Kocherkanal* entlang bis *Sindringen.* Der *Kocherkanal* dient einem E-Werk bei *Ohrnberg.* Das aufgestaute Wasser kürzt eine *Kocherschleife* in einem Bergstollen ab und stürzt sich dann turbinenantreibend hinunter. Nach dem Beginn des Stollens verläuft der Weg immer nah am ruhig dahinfließenden Kanal. In *Sindringen* auf die gr *Kocherbrücke, Hauptstr* überqueren, dann kurz re und nach wenigen Metern li auf wenig befahrener Str mit *Verkehrsschild [6 t]* über den kl Weiler *Eichach* zurück nach *Ohrnberg.*

Sonnenstüble

Mühlgasse 6
74613 Öhringen-Ohrnberg

**Das Wein-
und Speiselokal
im Ohrntal.**
Ein echt schwäbisches Weinwirtschäftle mit Spezialitäten aus eigener Schlachtung und gutem Viertele.

Auf Ihren Besuch freuen sich
Angelika u. Kurt

Bretzfeld - Verrenberg - Golberg - Lindelberg - Bretzfeld

Weg und Zeit - 9 km - knapp 2 ¼ Stdn.
Charakteristik - Ein bequemer Rundweg durch sonniges Rebland, Felder, Streuobstwiesen und liebenswerte kleine Dörfer. Die phantastische Sicht vom *Goldberg* ist ein ganz besonderer Genuß für den Naturfreund. Es sind nur leichte Anstiege zu bewältigen.
Anfahrt - A 6 *Heilbronn-Nürnberg*, Ausfahrt *Bretzfeld.*
Parken - Gäste-P beim *Gasthaus Rössle* und beim *Blautöpfle* in *Bretzfeld.*

• **Restaurant Blautöpfle** - Den Gast erwartet ein gepflegtes Ambiente in hellen Gasträumen, im Sommer auf der herrlichen Gartenterrasse. Kreative Küche, die sich in ihrem Angebot nach saisonalen Gegebenheiten richtet. Sehr leckere schwäbische Spezialitäten, Wild-, Lamm- und Fischgerichte, alles frisch zubereitet. Auch feine vegetarische Gerichte. Mittleres Preisniveau. - *Ru = Mo.*

OM • **Der Rundweg** - Vom *Blautöpfle* am Ortsanfang *ohne Markie-*
rung Pestalozzistr vor bis zur *Einsteinstr* (Durchgangsstr). Hier li
bis zur gr Kreuzung mit der *Adolzfurter/Bitzfelder Str*, wo sich
die Wanderer aus dem *Gasthaus Rössle* (100 m Ri *Adolzfurt)*
anschließen. *Bitzfelder Str* li bzw. ger für *Rössle*-Wanderer. Nach
200 m *Lindelbergstr* re mit *Ww [Radweg Verrenberg]*. Der *Lindel-*
bergstr folgen u. über Eisenbahnbrücke aus dem Ort hinaus.
Über freies Feld mit Blick auf die Weinberge auf asphaltierter
Str bis zur gr Kreuzung unterhalb des *Lindelbergs*. Hier li mit
MA *Ww [Radweg Verrenberg]*. Unterhalb des *Golberges* wird der
Weinort *Verrenberg* durchquert. *Lindelbergstr* ger, *Eichenweg* re,
Golbergstr re. Auf wenig befahrener Str wieder aus dem Ort hin-
MW aus. Bei Postsendemast mit *[Roter Traube, Blauem Kreuz], Ww*
[Golberg], re. Leicht aufw, nächste Abzweigung re, nach dem
Wasserwerk bei Gabel halbli aufw auf den *Golberg*. Oben erwar-
tet den Wanderer ein großartiger Rastplatz mit zahlreichen Feu-
erstellen und Spielgeräten für Kinder. Die Aussicht ist phanta-
stisch. Bei guter Sicht sind von hier aus die *Löwensteiner* und
Waldenburger Berge, der *Odenwald*, die *Hohenloher Ebene* und
im Osten die *bayerisch-fränkischen Höhen* zu sehen. Am Ende
des Rastplatzes über einen kl Stichweg abw. Auf Weinbergstr
MW ger, nach 50 m halbli mit *[7]*, *Ww [Unterheimbach]*. Unterhalb
des Dorfes *Lindelberg* in langer Linkskurve bis zur nächsten
MW Kreuzung. Hier re mit *Ww [Lindelberg]*. Nach 200 m kurz re,
OM nach 10 m gleich wieder *ohne Markierung* li auf Weinbergweg
[Durchfahrt verboten, frei für Landwirtschaft]. Jetzt geht es
gemütlich durch die Rebhänge des *Lindelbergs*. 1. Abzweigung

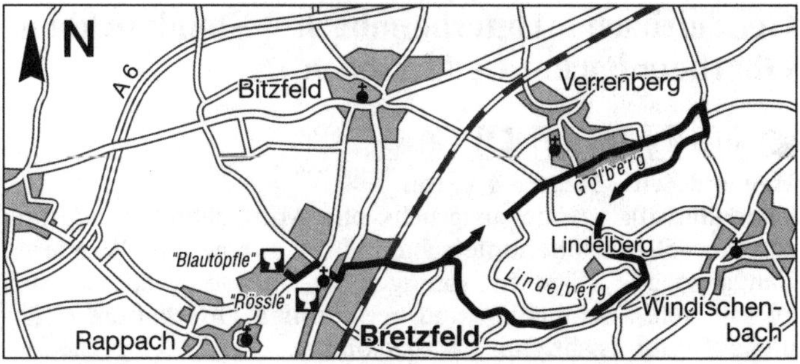

li, nach 200 m in Kurve Gabel halbre. Nächste Gabel vor Weinberghütte halbli. Der Weinbergweg stößt nach kurzer Zeit auf den *Lindelbergweg.* Hier wie auf dem Hinweg li mit *[Blauem Punkt]* zurück nach *Bretzfeld.* *MA*

• **Gasthaus Rössle** – Das zentral gelegene Gasthaus überzeugt durch seine gepflegte und behagliche Atmosphäre. In der gemütlichen Gaststube werden verfeinerte regionale Speisen serviert. Neben den köstlichen schwäbischen Maultaschen findet der Gast auch ideenreiche Wild-, Lamm- und Fischgerichte auf der Karte. Gemütliche Gästezimmer. Mittlere Preise. – *Ru = Mo u. Di nachmittags.*

Das Lokal mit dem besonderen Ambiente.

Lassen Sie sich kulinarisch verwöhnen.

74626 Bretzfeld,
Pestalozzistr. 5
Tel. 0 79 46/5 77

74626 Bretzfeld, Fam. Gehr,
Adolzfurter Str. 20,
Tel. 0 79 46/9 50 31

Gasthaus Rössle

Wir bieten:
• besonderes • schwäbisches
• hohenlohisches • feines

Geddelsbach - Unterheimbach - Steinknickle - Oberheimbach - Geddelsbach

Weg und Zeit - 14 km - 4 ½ Stdn.

Charakteristik - Eine anspruchsvolle Mittelgebirgswanderung mit ca. 450 m Höhenunterschied. Ideal für geübte Wanderer. Langgezogene Täler mit sonnigen Weinhängen wechseln sich ab mit tiefen Schluchten und verträumten Ortschaften. Grandiose Rundumsicht vom *AT Steinknickle.*

Anfahrt - A6 *Heilbronn-Nürnberg*, Ausfahrt *Bretzfeld*, über *Adolzfurt.*

Parken - Gäste-Ⓟ beim *Gasthaus zum Lamm* in *Geddelsbach.*

• **Gasthaus zum Lamm** - Dieses gemütliche Gasthaus gehört zu einem bekannten Weingut. Weithin beliebt sind die Weinstube und der schöne Weingarten, in denen neben den vorzüglichen Weinen aus eigenem Anbau schmackhafte regionale Gerichte serviert werden. Im urigen Keller können Weine aller Rebsorten verkostet werden. Untere bis mittlere Preise. - *Ru = Mi.*

• **Geddelsbach - Unterheimbach** - 4 km - 1 ¼ Stdn - Vom *Lamm*
MA ein kurzes Stück dorfeinwärts, Abzweigung li aufw mit *[Rotem*
OM *Strich]*, *Ww [Buchhorn].* Beim Ⓟ am Friedhof *ohne Markierung* li
auf der wenig befahrenen Str. Nach 10 Min bei Gabel nicht der
Str halbre aufw folgen, sondern ger weiter auf Weinbergweg.
Nach 15 Min stößt der Weg auf den *Württembergischen Wein-*
MA *wanderweg [Rote Traube].* Hier li abw, im Tal Str ger überqueren
MW und weiter mit *[Blauem Kreuz]*, *Ww [Unterheimbach].* Nach der
Bachbrücke halbre aufw durch den Wald. Oben aus dem Wald
heraus und Fahrstr re. In langgezogener Linkskurve erreicht der
Wanderer den idyllischen Weinort *Unterheimbach. Otto-Schäff-*
ler-Str li. Nach 100 m Einkehrmöglichkeit in der

• **Weinstube Mai** - In der behaglichen, familiären Atmosphäre dieses ländlichen Gasthauses muß sich der Gast einfach wohlfühlen. Die Speisekarte ist klein, aber fein. Die herzhaften Wildgerichte und heimischen Spezialitäten sind allesamt sehr lecker zubereitet. Herrliche Weine aus dem eigenen Weingut. Untere bis mittlere Preise. - *Ru = Mo.*

• **Unterheimbach - Steinknickle - Oberheimbach** - 10 km - 3 ¼
MW Stdn - Weiter auf *Otto-Schäffler-Str*, jetzt mit *[Blauem Punkt]*,
Ww [Neuhütten]. Nach der Kirche *Schulstr* re aus dem Ort her-
aus. Zunächst durch ein Tal, später durch hohen Wald. Nach
einem Fischteich bei Gabel *Hangstr* halbli aufw. Nach 200 m auf
schmalem Waldweg halbre aufw. Jetzt folgt ein langer, anstren-
gender Aufstieg (ca. 60 Min). Auf br Weg li, nach der *Aschhofen-*
hütte re. Auf br Forststr in mehreren Kehren aufw. Oben aus
MW dem Wald heraus, mit *[HW 8, Roter Strich]* re zum Wander-Ⓟ
und in ca. 15 Min zu dem bereits sichtbaren Aussichtsturm.

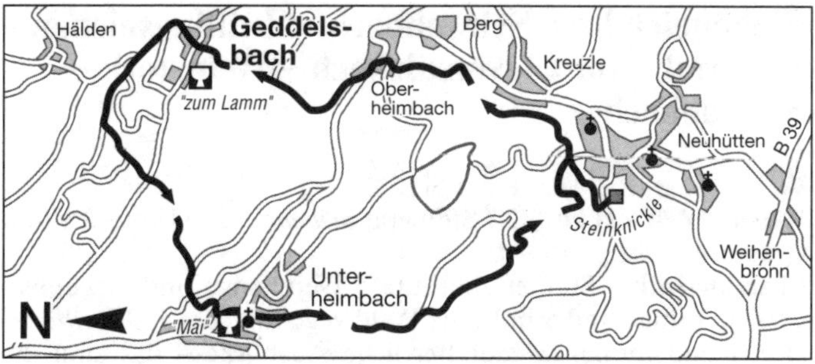

Herrlicher Panoramablick nach allen Seiten. Das nahegelegene *Naturfreundehaus* ist an Wochenenden bewirtschaftet. Zurück zum Wander-P. Mit *[HW8, Roter Strich]* nach 150 m in der Linkskurve des Forstweges auf schmalem Pfad re ein kurzes Stück durch den Wald. Auf der Wiese li, *Ww [Oberheimbach]*. Steil abw durch den Wald. Fahrstr außerhalb des Waldes li, bei Gabel *Fasanenweg* halbre abw nach *Oberheimbach*. *Hagenauer Str* re, *Hohenloher Str* (Durchgangsstr) li. Am Ortsende *Im Greutle* halbre. In langgezogener Rechtskurve bis zum Wald. Scharf li am Waldrand zurück und nach ca. 200 m auf schmalem Waldpfad re sehr steil abw zum Ausgangsort.

Gasthaus zum Lamm **Weingut Müller**

Hausmacher Vesper sowie regionale Gerichte laden zum Verweilen ein. Hier trinken Sie Erzeugnisse aus dem eigenen Weingut.

Öffnungszeiten: Montag - Freitag ab 17.00 Uhr
Samstag, Sonntag, Feiertage ab 11.00 Uhr

74626 Geddelsbach, Tel. 0 79 45/22 92

WM

WEINSTUBE MAI

74626 Bretzfeld-Unterheimbach
Telefon (0 79 46) 22 15

Öffnungszeiten: **Dienstag bis Freitag ab 18.00 Uhr,**
Samstag und Sonntag ab 10.00 Uhr,
Montag Ruhetag

Siebeneich bzw. Schwabbach – Zwillingseichen – Kiefertal – vor Cleversulzbach – Weinstock – Schwabbach

Weg und Zeit – 11 km – 2¾ Stdn von *Siebeneich.* – 14 km – 3½ Stdn von *Schwabbach.*

Charakteristik – Sonnenüberflutete Weinhänge und Streuobstwiesen, ruhige und erholsame Waldwege mit dem *ND Zwillingseichen* und immer wieder herrliche Ausblicke – das sind die Hauptmerkmale dieser lohnenden Rundwanderung. Der Einstieg kann sowohl von *Siebeneich* als auch von *Schwabbach* aus erfolgen. Vor *Cleversulzbach* ist ein langer Anstieg zu bewältigen.

Anfahrt – A 6 *Heilbronn–Nürnberg*, Ausfahrt *Bretzfeld*, weiter auf L 1089 bis *Schwabbach.*

Parken – In *Siebeneich* gr Gäste-P vor der *Besenwirtschaft Banzhaf.* In *Schwabbach* vor dem *Landgasthaus Schmidt* oder beim Sportplatz in der *Birkenstr.*

• **Hausmetzgerei und Weinausschank Banzhaf** – Eine wunderschöne Gaststätte mit dem typischen Charakter einer Besenwirtschaft. Zünftige, urgemütliche Atmosphäre. Leckere, deftige Gerichte nach Besenwirtschaftsart. Spanferkelessen für Gruppen. Herrliche Weine aus eigenen Lagen. Günstige Preise. – *Öffnungszeiten bitte vorher erfragen unter 07946-1530, Fax 3387.*

OM • **Der Rundweg** – Vom *Banzhaf-Hof ohne Markierung* auf *Wengertstr* leicht aufw ortsauswärts. 1. Abzw re bis zur Kreuzung bei Bauernhof. Hier stoßen die Wanderer aus *Schwabbach* hinzu, die den Treffpunkt in ca. 25 Min erreichen. Vom *Gasthaus*
OM *Schmidt ohne Markierung Hauptstr* li, *Birkenstr* re, vorbei am *Sportplatz.* Nach 15 Min 1. Kreuzung re, bei Gabel halbre leicht aufw zum gemeinsamen Treffpunkt am Bauernhof. Die Wanderer aus *Schwabbach* biegen hier li ab, die aus *Siebeneich* überqueren die Kreuzung ger. Oberhalb der Weinberge am Flurbereinigungsstein vorbei. Bei Gabel ger am Waldrand entlang. Auf Forstweg ger in den Wald hinein. Nach 150 m bei Gabel ger
MA weiter. Auf br Querweg mit *[Blauem Strich]* li. Bei den *Zwillingseichen*, einem imposanten Baum, der 1830 gepflanzt wurde, mit *[Blauem Strich]* scharf re, *Ww [Kiefertal-Cleversulzbach]* abw (nicht *Kiefertalsträßle*!). Zunächst auf schmalem Waldweg, später auf br Forstweg durch das dicht bewaldete *Kiefertal.* Aus dem Wald hinaus und unterhalb der Wein- u. Obsthänge bis vor
MW *Cleversulzbach.* Am Ortsanfang re aufw mit *[Blauem Punkt]*, *Ww [Grünes Häusle].* Mit herrlicher Aussicht durch die Obstwiesen. Am Waldrand bei Gabel halbli weiter auf dem *Weinstockweg.* Kurz vor dem Weinberg (*ND Weinstock)* li über Stufen steil aufw. Auf schmalem Waldweg bis zu gr Waldkreuzung. Hier re

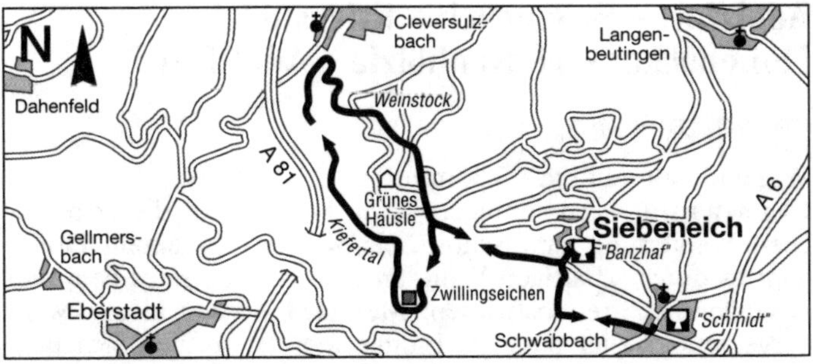

auf br Forstweg mit *[Blauem Strich]*, Ww *[Zwillingseichen]*. Nach *MW*
10 Min *ohne Markierung* li auf gleichem Weg wie anfangs *OM*
zurück. Die richtige Abzweigung li ist 100 m nach der Kreuzung *[Blauer Punkt], Birkenschlagweg.*

- **Landgasthaus Schmidt** - Ein gepflegter Landgasthof mit gemütlichen Gasträumen und modernen Gästezimmern. Familiäre Atmosphäre. Gutbürgerliche Küche mit einheimischen Spezialitäten. Fleisch und Wurst aus eigener Metzgerei. Die wunderbaren Weine aus der näheren Umgebung runden das vielfältige Angebot ab. Untere bis mittlere Preise. - *Ru = Mo.*

Hausmetzgerei + Weinausschank

Die Weinstube in Siebeneich,
gepflegt und gemütlich.
Auf einen Besuch freut sich
Familie Banzhaf

Familie
Günther Banzhaf
Wengertstraße 16
74626 Bretzfeld-Siebeneich
Telefon 0 79 46 / 15 30
Telefax 0 79 46 / 33 87

Gemütlicher Landgasthof lädt zum Verweilen ein.

Familie Schmid heißt Sie herzlich willkommen.

Landgasthaus Schmidt
Fremdenzimmer
Metzgerei

Einheimische Küchenspezialitäten
Ausgewählte Weine aus der Region.

Wurst- und Fleischspezialitäten aus eigener Metzgerei

74626 Bretzfeld-Schwabbach, Brunnenstr. 2,
Tel. 0 79 46/4 91

Adolzfurt - Scheppach - Kriegshölzle - Hohenacker - Herrenhölzle - Adolzfurt

Weg und Zeit - 14 km - 3 ¾ Stdn.

Charakteristik - An sonnigen Tagen kann es auf dieser herrlichen Wanderung ganz schön heiß werden. Zu einem Drittel geht es durch schattigen Wald, ansonsten über freies Feld und ausgedehnte Streuobstwiesen. Mehrfach werden kleine, weltvergessene Weiler passiert. Immer wieder eröffnen sich dem Wanderer großartige Ausblicke weit in die *Hohenloher Ebene.* Besonders schön ist die Aussicht vom *Heimberg* unterhalb *Herrenhölzle.*

Anfahrt - A 6 *Heilbronn-Nürnberg,* Ausfahrt *Bretzfeld.* In *Bretzfeld Adolzfurter Str* re. - Bahnstation in *Bretzfeld.*

Parken - In der *Unterheimbacher Str* vor *Weingut Birkert* und *Weinstube Borth.*

• **Weingut Birkert** - Eine wunderschöne und gemütliche Weinstube mit Besenwirtschaftscharakter. Den Gast erwarten in familiärer Atmosphäre deftige, frisch zubereitete Gerichte wie Schlachtplatte, Sied- und Salzfleisch, Bratwürste sowie herzhafte Vesper. Ausgeschenkt werden die köstlichen eigenen Weine. Sehr günstige Preise. *Kein Ru.*

OM • **Der Rundweg** - Von den Weinstuben *ohne Markierung Unterheimbacher Str* ortseinwärts. *Pfarrstr* li, *Turmstr* re. An der Kirche vorbei, *Austr* ger. Auf der *Weinsberger Str* li über die Brücke nach *Scheppach. Mühlstr* li, Ri *[Sportplatz].* Nach 200 m *Gabelbachstr* re und am *Sportplatz* vorbei aus dem Ort hinaus. Mit schöner Aussicht auf die umliegende Hügellandschaft und die Weinhänge unterhalb der *Löwensteiner Berge* geht es jetzt über freies Feld. Immer auf dem asphaltierten Feldweg bleiben. Kurz vor dem Waldrand der Rechtskurve folgen. Nächste Querstr li. Nach 10 Min erreicht der Wanderer den in einem romantischen
MA Wiesental gelegenen Weiler *Kriegshölzle.* Hier li mit *[Roter Traube, Württ. Weinwanderweg]* und auf dem *Hohenackerweg* aufw durch den Wald. Vor dem kl Dorf *Hohenacker* re, *Ww [Herrenhölzle].* Mit sehr schöner Aussicht weiter am Waldrand entlang. Ein Abstecher zum sagenumwobenen *Stummabrünnele* ist nach 5 Min li möglich. Nächste Kreuzung ger, bei *Sallenhütte* mit Rastplatz li. Vor dem Weiler *Herrenhölzle* nicht der bisherigen
MW Markierung folgen, sondern mit *Ww [Unterheimbach]* ger durch
MW das Dorf. Mit *[1]* und *[6]* re um den *Heimberg* herum und mit phantastischer Aussicht auf Fahrstr abw. Ca. 15 Min nach *Her-*
OM *renhölzle,* 200 m nach scharfer Rechtskurve (!), *ohne Markierung* scharf li auf Feldweg *Verkehrszeichen [Durchfahrt gesperrt, frei für Landwirtschaft].* Nächste Gabel vor Holzschuppen li. In langer Linkskurve um den Berg herum. Nach Überqueren eines kl Ba-

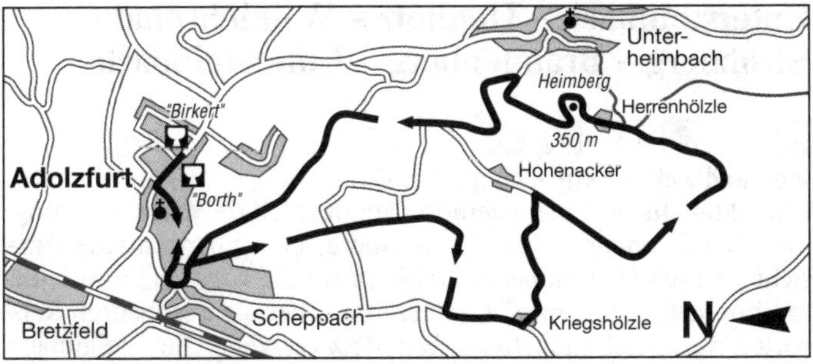

ches re aufw. Querstr re, nächste Gabel halbli und durch Streuobstwiesen und Felder zurück nach *Scheppach.* Von dort wie auf dem Hinweg zurück zum Ausgangspunkt in *Adolzfurt.*

- **Weinstube und Weinbau Borth** – Eine urige Weinstube mit behaglicher, ungezwungener Atmosphäre. Zu den herrlichen eigenen Weinen werden schwäbische Hausmannskost und Spezialitäten vom Grill wie knusprige Schweinshaxen und Schälripple serviert. Sehr günstige Preise. – *Geöffnet nur einmal im Monat. ÖZ bitte erfragen unter 07946-2139.*

Weingut Manfred Birkert, Unterheimbacher Str. 28,

74626 Bretzfeld-Adolzfurt, Tel. 0 79 46/4 84, Fax 33 78

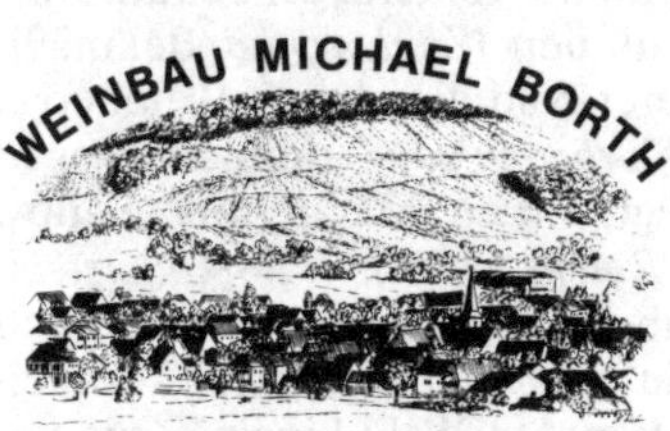

Weinstube im urigen Ambiente.

Geöffnet haben wir einmal im Monat für 6 Tage. (Di–So.) Nach Vereinbarung bewirten wir kleinere und größere Gesellschaften (ab 30 Pers.) auch außerhalb der Öffnungszeiten.

74626 Bretzfeld-Adolzfurt, Unterheimbacherstr. 35
Telefon und Fax 0 79 46/21 39

Untersteinbach - Heuholz - Weinlehrpfad - Strohberg - Braunenberg - Untersteinbach

Weg und Zeit - 7 km - knapp 2 Stdn.

Charakteristik - Eine beeindruckende kleine Weinwanderung. Von den Rebhängen hat der Wanderer eine phantastische Aussicht weit ins *Hohenloher Land* bis zum *Odenwald* und in das unter ihm liegende *Ohrntal*. Interessantes über die angebauten Rebsorten vermittelt der *Heuholzer Weinlehrpfad*. Die Steigungen können auch von ungeübten Wanderern leicht bewältigt werden.

Anfahrt - Wie S. 68.

Parken - Gäste-Ⓟ beim *Gasthaus zum Ochsen* in *Untersteinbach*.

• **Untersteinbach - Heuholz** - 2 ½ km - gut ½ Std - Vom *Ochsen*
MA mit *[HW 8, Frankenweg, Rotem Strich]* auf der *Heuholzer Str* Ri
MW *Öhringen*. Nach der Gärtnerei mit *[Rotem Punkt]*, *Ww [Heuholz]*
der Linkskurve folgen. Nach ca. 200 m *Simonsbergweg* re. Bei
Gabel halbli *Renzener Weg*. Unterhalb der Weinberge geht es
jetzt parallel zur Str durch die Obstwiesen mit *[Rotem Punkt]* u.
[1], *Ww [Heuholz]*. Vorbei an einem Baugeschäft und am Gehöft
MW *Altrenzen*, jetzt nur noch mit *[1]*, erreicht der Wanderer über die
Dachsteigerstr die kl Weingemeinde *Heuholz*.

• **Weingärtnergenossenschaft Heuholz** - Die Weinberge dieser weithin bekannten Winzergenossenschaft liegen im windgeschützten Tal der *Ohrn*. Wegen des milden Klimas ist der Weinbau hier schon seit Jahrhunderten zu Hause. Schon 1370 werden die ersten Keltern erwähnt, der Weinbau selbst ist hier vermutlich viel älter. Heute sind die Weine der 1937 gegründeten *Weingärtnergenossenschaft Heuholz* unter dem Namen *Dachsteiger*, der Lagenbezeichnung von 120 ha besten Reblandes, bekannt. Angebaut werden die Rebsorten *Riesling*, *Müller-Thurgau*, *Silvaner*, *Kerner*, *Trollinger* und *Schwarzriesling*.

• **Heuholz - Weinlehrpfad - Strohberg - Braunenberg - Untersteinbach** - 4 ½ km - gut 1 Std - Von der Kellerei geht es aufw ins
MW Dorf. 1. Abzweigung li mit *[12]* auf den *Weinlehrpfad*. Bei mäßiger Steigung erreicht der Wanderer bald die oberen Weinberge. 10 m, bevor es li zur *Schautafel Flurbereinigung* - lohnend wegen der herrlichen Aussicht - abzweigt, mit der Markierung re aufw. Am Waldrand re mit *[HW 8, Rotem Strich]*, *Ww [Untersteinbach]*. Auf asphaltiertem Weinbergweg immer am Waldrand entlang mit herrlicher Aussicht in das liebliche *Ohrntal*. Nach einer Linkskurve geht es ein Stück in den Wald hinein. Kurz vor Austritt aus dem Wald mit der Markierung den befestigten Weg verlassen und halbli aufw auf schmalem Pfad durch den Wald. Der Weg ist jetzt ansteigend und tritt nach ca. 10 Min beim Gehöft *Strohberg* wieder aus dem Wald heraus. In z. T. steilen Serpentinen auf der Fahrstr über das Gehöft *Braunenberg* abw

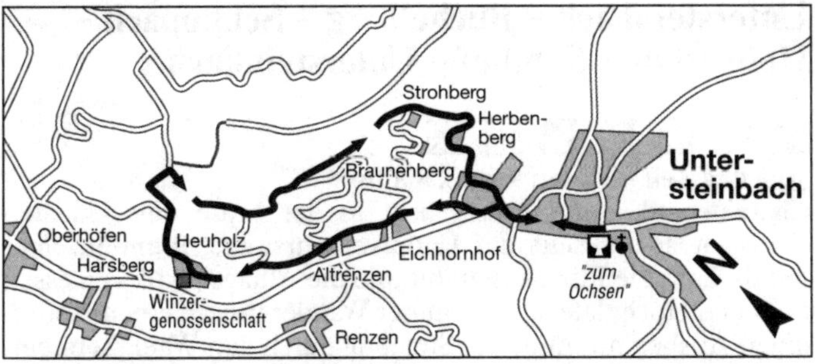

nach *Untersteinbach.* Unten *Haldenstr* li, *Steinbacher Gebirg* re und über die *Heuholzer Str* zurück zum

- **Gasthaus zum Ochsen** – Ein richtig gemütliches und gepflegtes Landgasthaus mit langer Tradition. Familiäre Atmosphäre. Einfache, preiswerte Gästezimmer. Fein zubereitete, gutbürgerliche Gerichte. Köstliche Braten und Spezialitäten wie Kalbshaxe, Ochsenzunge und fangfrische Forellen. Alles wird frisch und liebevoll zubereitet. Angenehmes Preis-Leistungs-Verhältnis. – *Kein Ru.*

Familie Schmauder
Gasthaus zum Ochsen
Untersteinbach
Traditionsreiches Gasthaus und Metzgerei
74629 Pf.-Untersteinbach, Heuholzer Str. 3
Telefon 0 79 49/4 65

Heuholzer Dachsteiger
Weingärtnergenossenschaft
Heuholz eG
Dachsteigerstraße 2 · 74629 Pfedelbach-HEUHOLZ
Telefon 07949/571 · Telefax 07949/2339
Geschäftszeiten:
Mo.-Do. 8.00-12.00 und 13.30-17.00 Uhr
Freitag 8.00-12.00 und 13.30-18.00 Uhr
Samstag 9.00-13.00 Uhr

Untersteinbach - Büchelberg - Schuppach - Heimathof - Kohlhof - Untersteinbach

Weg und Zeit - 9 ½ km - gut 2 ½ Stdn.

Charakteristik - *Büchelberg* liegt in der Mitte eines kleinen Hochplateaus, abseits der Hauptverkehrswege, inmitten einer Landschaft, die Ruhe ausstrahlt und die Alltagshektik vergessen läßt. Das Hochplateau erreicht der Wanderer nach einem ¾ stündigen Anstieg mit mittlerer Steigung durch den Wald. Sehr eindrucksvoll ist der Rückweg auf einem Panoramaweg oberhalb des malerischen *Ohrntals.* Trotz der Steigungen kann dieser wunderschöne Rundweg auch ungeübten Wanderern empfohlen werden.

Anfahrt - A 6 *Heilbronn–Nürnberg,* Ausfahrt *Öhringen,* L 1049 Ri *Schwäbisch Hall,* über *Cappel, Oberohrn.*

Parken - Gäste-P beim *Gasthof Adler* in *Untersteinbach.*

• **Untersteinbach - Büchelberg** - 3 ½ km - 1 Std - Am *„Adler"* auf
MA der Str *In der Heid* mit *[HW 8, Frankenweg, Rotem Strich]* aufw
aus dem Ort hinaus. Bei Gabel vor Bauernhof halbli mit *[Rotem*
MW *Punkt],* Ww *[Büchelberg].* In den Wald hinein und auf schmalem
Pfad weiter aufw. Bei Gabel der gut sichtbaren Markierung und
dem *Ww [Hohes Wegle]* folgen. Oben an der Schranke vorbei
MW zur Str. Auf der Str re mit *[7]* und *[Rotem Punkt].* Beim Wan-
MW der-P re, jetzt nur noch mit *[7]* auf Feldweg. Beim nächsten
Querweg li und auf der Str re nach *Büchelberg* hinein. Hier Einkehrmöglichkeit im

• **Landgasthof Bürgerstüble** - In absolut ruhiger, ländlicher Atmosphäre bietet dieses Gasthaus mit seinen gemütlichen Gasträumen, dem Biergarten und den 4 modernen Komfortzimmern wohltuend behagliche Gastlichkeit. Feine gutbürgerliche Küche, Hausschlachtung. Herausragend sind die köstlichen Wildgerichte. Sehr leckere, hausgemachte Kuchen. Untere bis mittlere Preise. - *Ru = Di.*

• **Büchelberg - Schuppach - Heimathof - Kohlhof - Untersteinbach**
OM - 6 km - gut 1 ½ Stdn - Vom *Bürgerstüble ohne Markierung*
re auf der *Bürgerstr* aus dem Dorf hinaus. Bei Gabel am Ortsausgang halbli. Jetzt immer ger auf befestigtem Feldweg bis zum Waldrand (¼ Std). An der Schranke vorbei in den Wald hin-
MA ein. Nach ca. 30 m mit *[Blauem Kreuz]* re auf Waldweg. 1. Gabel
ger, 2. Gabel halbli. Aus dem Wald heraus und abw in das kl Dorf *Schuppach* im *Ohrntal.* Am Ortseingang beim Umspann-
MW häuschen mit *[HW 8], Ww [Untersteinbach]* re. Zunächst geht es
auf dem asphaltierten Panoramaweg steil aufw. Auf Höhe des Waldrandes bietet sich dann eine wunderschöne Aussicht auf das verträumte *Ohrntal.* Gut ausgeschildert geht es über den *Heimathof,* vorbei am *Kohlhof* und wieder leicht aufw in den

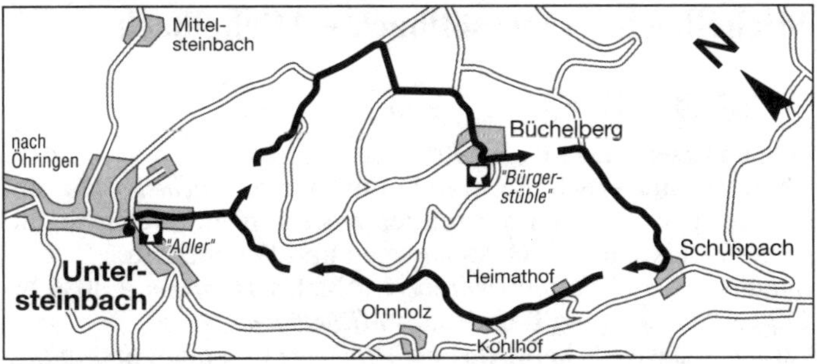

Wald. Das Teilstück nach dem kl Teich durch den Wald ist gesäumt von großen, eindrucksvollen Felsbrocken. Der Rundweg schließt sich am Aussiedlerhof oberhalb von *Untersteinbach.* Hier li abw auf dem bekannten Weg zurück zum Ausgangspunkt beim

• **Gasthof Adler** – Eine gemütliche, traditionsreiche Gaststätte im rustikalen Stil. In familiärer Atmosphäre wird der Gast mit der ganzen Palette der gehobenen gutbürgerlichen Küche verwöhnt. Der Schwerpunkt liegt auf sehr lecker zubereiteten einheimischen Gerichten. Herrliche Weine aus der Umgebung. 8 moderne Komfortzimmer stehen zur Verfügung. Mittlere Preise. – *Ru = Mi.*

Landgasthof
Bürgerstüble

Gute schwäbische Küche.
Hausmacher Vesper aus
eigener Schlachtung.
Moderne Fremdenzimmer.
Ferien auf dem Bauernhof.
Ein ideales Ausflugs- und
Wanderziel.

74545 Michelfeld-Büchelberg, Tel. 0 79 49/5 32
Ruhetag Dienstag

Gasthof Adler

Ein Haus der geborgenen Gastlichkeit im Steinbacher-Tal.
Schwäbische und saisonale Spezialitäten. Gepflegte Weine aus der Umgebung und frisches Pils vom Faß. Moderne Gästezimmer mit Du/WC, TV, Telefon, Radio. Zwei Appartements und Sonnenterrasse.
Wir freuen uns auf Ihren Besuch.

74629 Untersteinbach, Mainhardter Str. 1, Tel. 0 79 49/23 68
Ruhetag Mittwoch **Fax 0 79 49/26 11**

Michelbach – Obersöllbach – Michelbach

Weg und Zeit – 13 km – 3 ½ Stdn.
Charakteristik – Schöne Wanderung durchs *Michelbachtal* auf schattigen Waldwegen mit mittleren Steigungen. Liebliche, hügelige Landschaft mit Obstplantagen und Weinbergen.
Anfahrt – A 6 *Heilbronn–Nürnberg*, Abfahrt *Öhringen*, L 1036 bis *Cappel*, Abzweigung L 1052 nach *Michelbach.*
Parken – Gäste-P beim *Gasthof Altenberg* und beim *Sportplatz.*

• **Michelbach – Obersöllbach** – 2 ¼ Stdn – Vom P am *Gasthof*
OM *„Altenberg"* über *Alter Weinberg* re hinab zur *Kelterstr.* Nun li
und dann ger an den Park- und Tennisplätzen vorbei bis zum landwirtschaftlichen Anwesen, das man rechts liegen läßt. Der Weg wird umrahmt von Wiesen, Weinbergen und Obstplantagen. Nach ca. 500 m Wanderparkplatz. Nun halbli weiter in das romantische *Michelbachtal.* Munter plätschert der Bach und begleitet den Wanderer durch den schönen Mischwald. Das Wohnhaus in der Rohrklinge bleibt re liegen und am Waldeintritt ger, immer in der Nähe des Bachs bleiben. Mehrere Brücken. Nach der zweiten Brücke halbli und nun ger leicht ansteigend, li ehemalige Burg. An der Wegegabelung li, kurzer Schotterweg. Nach Linkskurve über Brücke, befestigten Forstweg aufw in mehreren Kehren. Nun durch herrlichen Mischwald. An der Dreiwegekreuzung re aufw in mehreren Kehren
MA zur Anhöhe. Am *Ww* li, den *Eselspfad* abw mit *[Blauem Strich]*,
Ri *Michelbach.* Gutes Schuhwerk erforderlich! Nach Waldaus-
MW tritt re, *Weinwanderweg* aufw mit *[Roter Traube].* Schöne Aus-
blicke in die weitere Umgebung. Nach ca. 200 m li abw, beim
OM Abzweig befestigten Weg re beibehalten. Nach Waldaustritt li
und nach 100 m re. An mehreren Fischweihern vorbei bis zur Brücke. Nun re über Brücke und nach dem Feuersee li, den *Ahornweg* entlang bis Einmündung in die *Eichbrunnenstr.* Nun li, nach 150 m re in die *Gäwelestr.* Nach wenigen Metern erreicht man zur empfehlenswerten Einkehr das

• **Gasthaus „Zur Traube"** – Schöne zentrale Lage. Gemütliche, ländliche Gasträume. Schöne Gartenterrasse. Den Gast empfängt eine angenehm wohltuende, gepflegte familiäre Atmosphäre. Gutbürgerliche Küche bietet Leckerbissen aus eigener Hausschlachtung. Tageskarte, Vesper. Bier vom Faß und offene Weine. Flaschenweine. Mittleres Preisniveau. P am Haus. – *ÖZ: Mo, Fr, Sa ab 17 Uhr, So ab 11 Uhr. – Ru = Mi.*

• **Obersöllbach – Michelbach** – 1 ¼ Stdn – Von der *„Traube"* wie Herweg zurück bis Brücke beim Feuersee. Dort ger aufw bis zur
MA Bank. Nun ca. 300 m re, dann li aufw bis zur *[Roten Traube]* und
[Blauem Strich]. Von Weinbergen umgeben abw bis zur Wegegabelung, dann li abw, *Ww [Geopfad]*, zur *Kelterstr.* Nun re bis

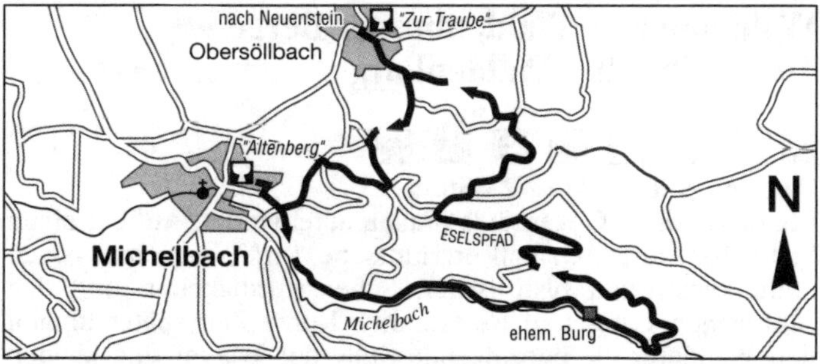

zur *Alten Kelter*, dann li aufw bis *Straße Am Altenberg.* Nach 120 m erreicht man den

- **Gasthof Altenberg** – Ruhige Lage am Ortsrand. Einfache, behagliche Gästezimmer. Gemütliche Gasträume. Gartenterrasse mit ruhiger schöner Aussicht. Gutbürgerliche Küche. Kinderteller, Tageskarte. Hausmacher Wurst- und Fleischspezialitäten der Region. Bier vom Faß, offene Weine. Untere bis mittl. Preislage. – *ÖZ: Sommer auch Mittagstisch – Winter ab 17 Uhr. – Sa, So ab 10 Uhr. – Ru = Fr.*

Gasthaus
„Zur Traube"
Weinbau Kober

Wir freuen uns, Sie hier im Gasthof zur Traube begrüßen zu dürfen. Wir bieten Ihnen in unseren gemütlich rustikalen Räumlichkeiten schwäbische Gerichte, Hausmachervesper, Wildspezialitäten und einen guten Tropfen Wein aus eigener Herstellung.

Öffnungszeiten: Wochentags ab 17.00 Uhr
Sonn- und Feiertags ab 11.00 Uhr
Mittwoch Ruhetag

Inhaber Maria und Karl Kober
74632 Neuenstein-Obersöllbach, Turmweg 2, Tel. 0 79 42/7 74

Gasthof
Altenberg

25 Jahre Gastlichkeit mit Atmosphäre und Gemütlichkeit lädt zum Verweilen ein.

Inh. E. Wegener,
Am Altenberg 16, 74613 Öhringen-Michelbach
Telefon 07941/2174

Waldenburg – Waldenburger Berge – Tommelhardt – Waldenburg

Weg und Zeit – 11 km – 2 ¾ Stdn.
Charakteristik – Gegensätze prallen aufeinander. Auf der einen Seite das touristisch voll erschlossene *Waldenburg* mit seinen bemerkenswerten historischen Sehenswürdigkeiten und den zahlreichen Cafés und Restaurants. Kurze Zeit später umgibt den Wanderer die beruhigende Stille der Wälder und kleinen Seen in den südlich gelegenen *Waldenburger Bergen*. Eine sehr bequeme und erholsame Wanderung mit nur leichten Anstiegen.
Anfahrt – A 6 *Heilbronn–Nürnberg*, Ausfahrt *Kupferzell*.
Parken – Großer Gäste-P gegenüber dem *Höhenrestaurant Waldenburg*.

• **Waldenburg** – Die in beherrschender Aussichtslage auf einem hohen Bergsporn liegende Stadt kam 1250 als Lehen an *Hohenlohe* und erhielt 1330 das Stadtrecht. 1553 wurde *Waldenburg* Sitz einer der beiden *hohenlohischen* Hauptlinien. Um 1580 entstand die starke Stadtbefestigung mit Wehr- und Wachtürmen, die z. T. noch sehr gut erhalten ist. Die Stadt war bis 1684 Residenzstadt. Sehenswert das Schloß, das auf einer Burg aus dem 13. Jh. basiert und im 16. Jh. zum Residenzschloß umgebaut wurde. Seit 1807 ist das Schloß Sitz einer neuen Linie *Hohenlohe-Waldenburg*. Im April 1945 wurde es zu 80 % zerstört. An der engsten Stelle des Zugangs zur Stadt steht der 33 m hohe, begehbare *Lachnersturm* aus der *Stauferzeit*. Die *Stadtkirche* (1593) vereinigt Bauelemente der Nachgotik und der Renaissance. Interessantestes Ausstattungsstück ist der Altaraufsatz aus dem Jahre 1653. Ein Besuch des *Urweltmuseums* im *Rathaussaal* ist lohnenswert. Hier sind die 200 Millionen Jahre alten Saurierfunde ausgestellt, die 1977 beim Bau der Autobahn vom Hobby-Geologen *Johann-Georg Wegele* entdeckt wurden.

• **Höhenrestaurant Waldenburg** – Von den Gasträumen und der Terrasse dieses gepflegten Restaurants hat der Gast einen überwältigenden Ausblick weit ins Hohenloher Land. Die Küche ist gutbürgerlich und bietet sehr schmackhafte Gerichte, z. B. Wild aus nahen Wäldern. Auch Kinder- und Seniorenteller. Besonders gemütlich ist es in der rustikal eingerichteten Bauernstube. Mittlere Preise. – *Ru = Do.*

• **Der Rundweg** – Über den P hinter dem *Panoramahotel* (gleich neben dem *Höhenrestaurant)* erreicht der Wanderer den
MA *Otto-Borst-Höhenrandweg* mit *[Blauem Punkt]*. Die Aussicht von diesem Teilstück ist begeisternd. Bei guter Sicht reicht der Blick bis zum *Odenwald* und zur *Frankenhöhe* in *Bayern*. Nach 15 Min
MW li aufw mit *[HW 8, Frankenweg, Rotem Strich]*. P überqueren,

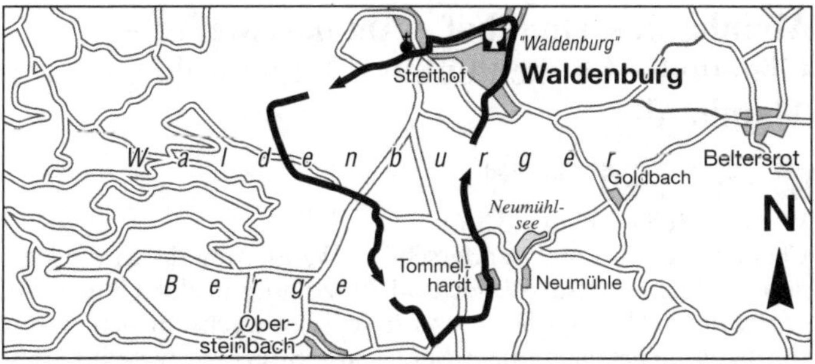

an der Str re, hinter der Kirche kurz re und gleich wieder *Albert-Schweitzer-Str* li. Vorbei an den Sportanlagen und dem *Albert-Schweitzer-Kinderdorf* in den Wald. Nach einiger Zeit zweigt der *[HW 8]* halbre von br Forstweg ab. Hier nicht dem *[Roten Strich]* folgen, sondern auf dem Forstweg ger mit *LM [Tannen-* *MW*
zapfen] bleiben. Nächste Abzweigung li, jetzt wieder mit *[HW 8,* *MW*
Rotem Strich]. An der nächsten Kreuzung halbli weiter auf schmalem Waldrandweg. Der Weg mündet nach einiger Zeit wieder auf einen br Forstweg. Nach ca. 300 m L 1046 überqueren und ger weiter auf befestigter Fahrstr. 1. Abzweigung re, nach 100 m *ohne Markierung* halbli. An der 2. Kreuzung beim *OM*
Ww [Greut] li, nach 100 m bei *Ww [Lindigsee]* re. Auf asphaltiertem Querweg mit *[Blauem Kreuz]* li. In der Rechtskurve der Str *MA*
ger weiter durch einen kl Birkenwald. Vorbei an dem idyllischen *Lindigsee* bis zur Str. An der Str 20 m li, dann re. Auf Fahrstr durch offene Wiesenlandschaft und das kleine Dorf *Tommelhardt.* Im Dorf besteht die Möglichkeit zu einem Abstecher an den schönen *Neumühlsee* (re ca. 5 Min) mit Bademöglichkeit und Rastplatz. Von *Tommelhardt* weiter mit *[Blauem Kreuz]* über freies Feld. Später im Wald Str ger überqueren. Nach 20 Min bei Gabel halbre auf schmalem Pfad durch ein kl Tal und wieder aufw nach *Waldenburg.* Über *Panoramastr* und *Haller Str* li zurück.

HÖHENRESTAURANT
WALDENBURG

Das Haus mit dem besonderen Ausblick
Inh. J. Hartwig
74638 Waldenburg, Hauptstr. 86
Tel.: 0 79 42/94 10 60, Fax.: 0 79 42/94 10 72

Mainhardt - Dennhof - Ammertsweiler - Gögelhof - Laukenmühle - Mittelmühle - Mainhardt

Weg und Zeit - 11 km - 3 Stdn.

Charakteristik - Eine wunderschöne Wanderung durch die kleinen ländlichen Orte, Weiler und Einzelhöfe in der Umgebung *Mainhardts.* Dunkler Wald und tiefe Täler wechseln sich ab mit sonnigen Wiesenalmen. Über weite Strecken begleitet den Wanderer eine begeisternde Aussicht. Ein großes Erlebnis für den Naturfreund.

Anfahrt - Wie S. 76.

Parken - Gäste-P bei der *Speisegaststätte „Alte Post"* (siehe S. 79) oder öffentliche P in einer der an den *Marktplatz* angrenzenden Straßen.

• **Mainhardt** - Der Luftkurort liegt in einem uralten Grenzgebiet. Heute verläuft hier die Grenze zwischen *Franken* und *Schwaben.* Einst war es die Grenze zwischen *Alemannen* und *Römern,* die in *Mainhardt* ein großes *Limes-Kastell* errichteten. Zahlreiche Funde aus der Römerzeit, die in *Mainhardt* und Umgebung gefunden wurden, können im Heimatmuseum besichtigt werden. Bis zum *Dreißigjährigen Krieg* war der Ort ein geschätztes Heilbad. Heute kommen die Gäste wegen der vielen Erholungsmöglichkeiten in unverbrauchter Natur, Ruhe und gesunder Luft. In erster Linie ist der *Mainhardter Wald* ein Paradies für Wanderfreunde. Aber auch Schwimmen, Reiten, Radeln, Angeln und im Winter Skifahren sind beliebte Freizeitvergnügen. Sehenswert das *Turmuhrenmuseum* an der B 14. Im Teilort *Gailsbach* steht ein bemerkenswertes *Kunstmuseum,* in dem sich der Maler *Manfred Pahl* eine Heimstatt für sein Lebenswerk geschaffen hat.

MA • **Der Rundweg** - Vom *Marktplatz* mit *[Blauem Strich]* und *Ww [Finsterroter See]* auf *Römerstr* u. *Baadgasse* aus dem Ort hinaus. Unterhalb des Schwimmbades auf steilem Waldpfad abw. Vorbei an der *Baadmühle,* ger aufw bis vor den *Dennhof.* Hier bei Gabel halbre an den Häusern vorbei und durch ein Tal bis zum gegenüberliegenden Waldrand. Kurz nach Eintritt in den Wald schmaler Pfad halbli, br Querweg li. Gleich nach Rechtskurve li auf steilem Pfad abw. Durch ein tiefes Tal und wieder aufw, nach der Kläranlage auf befestigter Fahrstr bis nach *Ammertsweiler.* Nach den ersten Häusern Querstr halbli, nach 100 m über eine Wiese re aufw. *Hauptstr* li und wieder aus dem Ort hinaus.
OM Nach Friedhof an der Str re. Nach 200 m *ohne Markierung* auf
MA der Str ger weiter. Gabel im Wald re Ri *Gögelhof.* In Rechtskurve mit *Ww [Laukenhof]* am *Gögelhof* vorbei. Nächste Gabel mit
MA *[3]* li, *Ww [Klingenhof, Laukenmühle].* Nun geht es ständig leicht

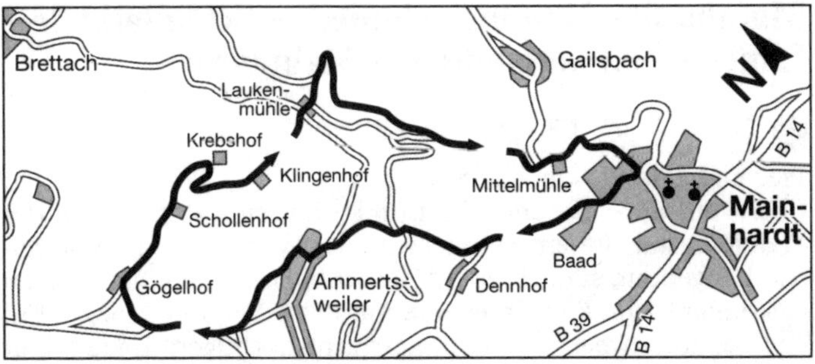

abw durch bezaubernde Landschaft, vorbei am *Schollenhof* und
Krebshof. Vor dem *Klingenhof* mit *[3]* u. *[9]* Gabel li, bevor der
Weg steil ins *Brettachtal* abfällt. Unten an der *Laukenmühle oh-* *OM*
ne Markierung kurz re. Nach der *Brettachbrücke* li auf schmalem
Weg *[Durchfahrt verboten]* aufw in den Wald. Nach einiger Zeit
kreuzt br Querweg. Auf diesem Forstweg re. Der Weg mündet
nach ca. ½ Std im Tal auf die K 2582. An der wenig befahrenen
Str li, mit *[Grünem Ring]* durch die *Mittelmühle* u. an der Str *MA*
nach *Mainhardt* aufw. 1. Abzweigung auf Feldweg scharf re.
Nach Linkskurve mündet der Weg in den mit *[HW 6, Rotem* *MW*
Strich] gekennzeichneten Wiesenweg, der aufw nach *Mainhardt*
und dort über die *Kirchstr* zum *Marktplatz* zurückführt.

Luftkurort

MAINHARDT

Info: Bürgermeisteramt
74535 Mainhardt,
Hauptstraße 1
Tel. 0 79 03/ 91 50-0
Fax 0 79 03/91 50-50

Einst hausten in den Schluchten, Klingen und Felsenhöhlen des Mainhardter Waldes gefürchtete Räuber. Heute bietet dieses Bergland rund um den Luftkurort Mainhardt unzählige Entdeckungen für Wanderer, Radfahrer oder Reiter, die auf ihren Streifzügen durch Wälder, Wiesen und Auen immer wieder auf die Spuren der Römer stoßen können. Denn hier verläuft der Limes, Grenzwall zwischen Römern und Germanen. Funde aus dieser Zeit, von denen der Boden noch immer vollsteckt, sind im Römermuseum zu bewundern. In der Kernstadt und den Teilorten locken urige Gasthäuser zur Einkehr. Man kann Milch beim Bauern „aus erster Hand" genießen. Die Mainhardter Mineralquellen wurden vor Jahrhunderten zu Heilzwecken genutzt, jetzt versorgen sie das Mineralfreibad mit prickelndem Naß. Auch Tennis- und Sportplätze stehen zur Verfügung, und im Kunstmuseum Gailsbach hat sich der Maler Manfred Pahl eine Heimstadt für sein Lebenswerk geschaffen. In Mainhardt wurde ein Turmuhrenmuseum eröffnet. Mehr als 30 Turmuhren aus 5 Jahrhunderten können besichtigt werden.

Mainhardt - Hammerschmiede - Schöntalhöfle - Limes - Hankertsmühle - Mainhardt

Weg und Zeit - 11 km - 2 ¾ Stdn.
Charakteristik - Gesunde Luft und erholsame Ruhe findet der Wanderer auf diesem wunderschönen Weg durch die waldreiche Umgebung südlich von *Mainhardt.* Die Landschaft, die an das romantische *Rottal* grenzt, erinnert an den *Schwarzwald.* Ein Teil des Rundweges führt auf geschichtsträchtigem Boden über den ehemaligen römischen *Limes-Grenzwall.*
Anfahrt - Von *Stuttgart* B 14, von *Heilbronn* B 39, B 14.
Parken - Gäste-P beim *Hotel-Café-Restaurant Schoch* oder beim *Hotel-Garni Waldblick.*

• **Hotel-Café-Restaurant Schoch** - Ein sehr gepflegtes Haus mit angenehmer, familiärer Atmosphäre. Schöne Gästezimmer mit modernem Komfort und stilvolle Gasträume. Die schwäbische Küche bietet neben vielen Spezialitäten (sehr leckere hausgemachte Maultaschen) auch einen gutbürgerlichen Mittags- tisch mit schmackhafter, abwechslungsreicher Kost. Mittlere Preise.- *Ru = Do.*

• **Der Rundweg** - Die Wanderer vom *Hotel-Café Schoch* und
vom *Hotel Waldblick* treffen sich an der gr Kreuzung der B 14
mit der *Mönchstr, Ww [Hammerschmiede, Rösersmühle].* Mit
MA *[Blauem Strich]* auf der *Mönchstr* aus dem Ort hinaus. Bei Gabel
halbre an der Str entlang. Nächste Gabel ger und abw zur *Ham-*
merschmiede. Bachbrücke überqueren u. ger aufw auf dem *Ham-*
MW *merschmiedesträßchen* mit *Ww [Hohenbrach, Murrhardt].* Nach
ca. ¼ Std gr Waldkreuzung ger überqueren. Nach 40 m (!) auf
schmalem Waldweg li. Nach 100 m halbre steil aufw. Oben ger
über Kreuzung. Nach 5 Min mit der Markierung halbli. Nach ei-
niger Zeit stößt der Waldpfad auf br Forstweg. Hier li leicht abw.
Nach 200 m nicht der Markierung re aufw folgen, sondern weiter
MW ger mit *[2].* Bei der nächsten Verzweigung vor roter Bank *ohne*
OM *Markierung* re. Str vor den *Schöntalhöfen* überqueren und mit *[6]*
MA u. *[8]* auf asphaltiertem Sträßchen *[Sackgasse]* in den Wald. Auf
Waldweg an einem Bach entlang. Nach ¼ Std bei Dreiwegegabel
MW *Färbers Waldweg* li. Nach 150 m vor einer Linkskurve mit *[HW 6,*
Rotem Strich, Limeswanderzeichen] auf schmalem Pfad li aufw.
Der Pfad mündet nach ¼ Std auf einen breiten Weg. Oberhalb
dieser Einmündung befindet sich auf einem Bergvorsprung die
sehenswerte Ruine eines *Limesturmes.* Auf dem br Weg re abw.
Nach 200 m gr Waldkreuzung überqueren und mit *[Limeswan-*
MW *derzeichen, Blauem Kreuz]* auf dem *Hubertussträßchen* abw in das
romantische *Rottal.* Bei einer Grillstelle im Tal *Rottalweg* über-
MW queren und aufw mit *Ww [Mainhardt].* Vor Linkskurve halbre,
MW *Ww [Limeswanderweg Wörnitz-Rems-Main].* Auf schmalem Pfad

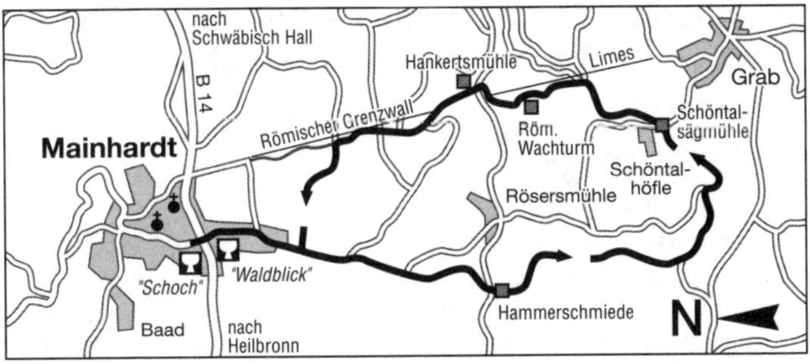

weiter aufw. Oben ger weiter auf br Waldweg. Str ger überqueren. Nächste Abzweigung vor grüner Bank auf br Forstweg li mit *[4]*. *MW* Der später asphaltierte Weg bringt den Wanderer nach ca. 20 Min zur Str, die re zurück nach *Mainhardt* führt.

- **Hotel-Garni und Vesperstube Waldblick** – In diesem Haus findet der Gast Gemütlichkeit in familiärer Umgebung. Zünftig geht es zu in der urigen Vesperstube. Gutbürgerliche Küche mit frischen Produkten aus eigener Herstellung. Hausmacher Wurst aus eigener Schlachtung, herrliches Holzofenbrot, Most vom Faß. Behagliche Gästezimmer. Untere bis mittlere Preise. – *Ru=Sa.*

HOTEL
CAFÉ
RESTAURANT
Schoch

Familienbetrieb mit 200 Sitzplätzen und modernem Gästehaus mit 30 Betten. Hauseigene Konditorei, vorzügliche Küche (regional und international). Komplett ausgestatteter Konferenzraum, großer Festsaal, kleines Nebenzimmer, sonnige Freiterrasse, 2 Kegelbahnen, Fahrradverleih, Tischtennis, Kinderspielplatz. geeignet für Tagungen, Ausflüge, Urlaub, Busse, Wochenendpauschalen für Kegler, Genießer, Wanderer.

Weitere Informationen:
Hotel Restaurant Café Schoch
Hauptstr. 40, 74535 Mainhardt
Tel. (0 79 03) 9 19 00, Fax 91 90 50

Wald blick
HOTEL GARNI + VESPERSTUBE

Gemütlichkeit in familiärer Umgebung.
Zünftige Einkehr in unserer Vesperstube.
Auf einen Besuch freut sich
Fam. Schoch & Fam. Benzinger

74535 Mainhardt, Heilbronner Str. 51, Telefon und Fax 07903/2397

Mainhardt - Hohenstraßen - Böhringsweiler - Finsterrot - Ammertsweiler - Dennhof - Mainhardt

Weg und Zeit - 12 km - 3 Stdn.

Charakteristik - Alles, was der *Mainhardter Wald* an landschaftlichen Schönheiten zu bieten hat, durchwandert der Naturfreund hier in 3 Stdn. Dunkle Wälder, tief eingeschnittene Täler, sonnige Almwiesen, idyllische Waldseen und verträumte Dörfer - was kann der Wanderer in dieser kurzen Zeit mehr erleben. Einige kurze Anstiege sind zu bewältigen.

Anfahrt - Wie S. 76.

Parken - Gäste-P bei der *Speisegaststätte „Alte Post“.*

• **Mainhardt - Hohenstraßen - Böhringsweiler** - 4 km - 1 Std -
MA Von der *Alten Post* mit *[Blauem Strich]* und *Ww [Finsterroter See]* auf *Römerstr* und *Baadgasse* aus dem Ort hinaus. Unterhalb des
MW Schwimmbades ger mit *[Blauem Punkt], Ww [Böhringsweiler].* Am Rand des kl Teilortes *Baad* entlang. Nach kurzem Anstieg in Linkskurve am Ortsende (!) Fahrstr verlassen und auf schmalem Pfad in den Wald hinein. Vorbei am idyllischen *Kapplersee* und aufw durch den Wald bis zur B 14. Auf dem Fußweg entlang der Str re nach *Hohenstraßen, Altersbach* li. In langgezogener Linkskurve über freies Feld, nach ca. 10 Min re abw durch den Wald. Bach überqueren und wieder aufw. Nach Verlassen des Waldes erreicht der Wanderer den *Wiedhof.* Nach dem letzten Haus auf der li Seite li steil abw über einen wunderschönen Almhang mit herrlichem Blick auf das in einem romantischen Tal liegende *Böhringsweiler.*

• **Gasthaus Schloßmühle** - Ein urgemütliches Wirtshaus, in dem familiäre Gastlichkeit großgeschrieben wird. Die Küche ist im besten Sinne gutbürgerlich und verwöhnt den Gast mit wunderbaren heimischen Spezialitäten. Die ideenreich zubereiteten Fische aus eigener Zucht sind ein besonderer Leckerbissen. Untere bis mittlere Preise. - *Ru = Mi (im Winter = Di, Mi).*

• **Böhringsweiler - Finsterrot - Mainhardt** - 8 km - 2 Stdn - Li neben der Brücke mit *[Blauem Punkt], Ww [Wüstenrot]* am Bach entlang, später durch dichten Wald. Aus dem Wald hinaus, vor kl Schleusenbrücke re, nach 30 m li über die Wiese aufw zum
MW Feldweg. Mit *[Rotem Strich]* re aufw, beim Friedhof Fahrstr re bis *Finsterrot. Alte Str* li, *Seestr* re bis unmittelbar vor dem *Neuen*
MW *See.* Re am Seeufer entlang mit *[Blauem Strich], Ww [Main-*
MW *hardt].* Nach 200 m am Ende des Sees mit *[Blauem Strich]* u. *[8]* halbli auf schmalem Waldpfad aufw. Der Markierung folgend wieder aus dem Wald hinaus bis zur Str. Hier re, nach 100 m li am Friedhof vorbei nach *Ammertsweiler.* Mitten im Dorf re zwischen den Häusern abw über Wiese. Auf Fahrstr li, bei Gabel

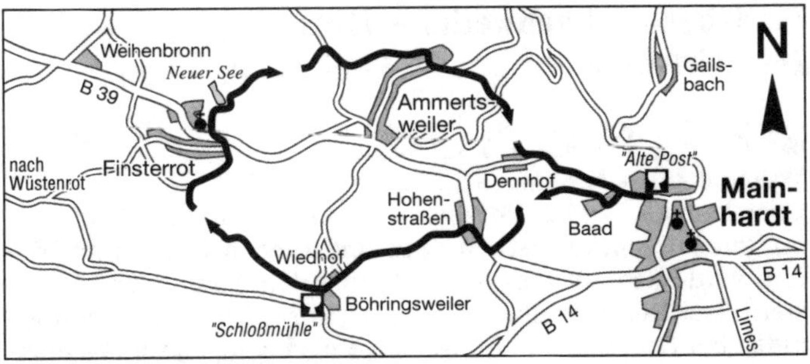

halbre abw. Nach kurzem Abstieg folgt ein strammer Aufstieg bis zur br Forststr. Hier kurz re, der Linkskurve folgen und nach ca. 100 m auf schmalem Waldweg re. Aus dem Wald hinaus, vorbei am *Dennhof* und abw zur *Baadmühle.* Nach kurzem steilem Anstieg auf Fahrstr li wie anfangs zurück nach *Mainhardt.*

- **Speisegaststätte „Alte Post“** - In familiärer Atmosphäre wird dem Gast exzellente, bodenständige Küche mit Gerichten wie Rostbraten, Wild, Tafelspitz, Fisch und Geflügel geboten. Gute Fleisch- und Wurstwaren aus eigener Hausschlachtung. Besondere Spezialität sind die hausgemachten Maultaschen. Untere bis mittlere Preise. - *Ru = Di ab 14.00 Uhr, Sa.*

Gasthaus Schloßmühle

Inhaber: Ulrich Schöneck

Gemütliche Atmosphäre in
romantischer Umgebung.
Die Einkehr für den hungrigen
und durstigen Wanderer

71577 Großerlach-Böhringsweiler, Tel. 0 79 03/33 93

SPEISEGASTSTÄTTE

„Alte Post“

Bekannt gute Küche
Erlesene Weine
EKU-Bier vom Faß
Gemütliche Atmosphäre

Auf einen Besuch freut sich
Familie Kütterer,
74535 Mainhardt, Römerstr. 4, Tel. 0 79 03/8 16

Gailsbach - Lachweiler - Dürrnast - Neuwirtshaus - Limes - Gailsbach

Weg und Zeit - 11 ½ km - 3 Stdn.

Charakteristik - Die *Hohenloher Ebene* mit ihrem Wald, den bunten Wiesen, idyllischen Seen und kleinen Höfen und Weilern wird auch auf dieser Wanderung den Naturfreund begeistern. Der Rückweg über den *Limesgrenzwall* verläuft schnurgerade über Berg und Tal. Einige längere Steigungen sind zu überwinden.

Anfahrt - B 39 *Heilbronn–Mainhardt.* - B 14 *Schwäbisch Hall –Mainhardt.* Von *Mainhardt* L 1050 Ri *Öhringen.*

Parken - *Gäste-*P vor der *Gaststätte „Dorfschenke"* in *Gailsbach.*

• **Gaststätte „Dorfschenke"** - Eine gemütliche und gepflegte Dorfgaststätte mit rustikalen Gasträumen und Freiterrasse. Gute Küche mit vielen leckeren schwäbischen Spezialitäten und saftigen Steaks. Die herzhaften Vesper aus eigener Schlachtung und das köstliche, selbstgebackene Landbrot sind ein ganz besonderer Genuß. Angenehmes Preis-Leistungs-Verhältnis. - *Ru = Mi.*

• **Gailsbach - Lachweiler - Neuwirtshaus** - 7 ½ km - 2 Std - Neben
MA der *Dorfschenke* mit *[Rotem Strich, Limeswanderzeichen]* auf *Brückenrain* aus dem Dorf heraus. Über bunte Wiesen in den Wald. Auf schmalem Pfad abw ins malerische *Brettachtal.* Unten
MW am Bach mit *[Blauem Kreuz, Grünem Ring],* Ww *[Lachweiler]* li. Vorbei an einem idyllischen Anglersee und wieder aufw durch den Wald. Oben kurz vor dem Waldrand Abzweigung li, jetzt nur
MW noch mit *[Blauem Kreuz].* Aus dem Wald heraus und auf asphaltiertem Weg nach *Lachweiler. Geißelhardter Str* li, *Langäckerstr* re. Auf *Hegäckerstr* halbli wieder aus dem Ort hinaus. Vor dem Wei-
MW ler *Hegenhäule* li mit *[Blauem Kreuz, Rotem Kreuz], Ww [Neuwirtshaus].* Querstr li. Mit der Markierung Str verlassen und ger durch den Wald. Nach dem Wald Fahrstr ger mit herrlichem Blick auf die schöne *Hohenloher Ebene* an den Höfen des Weilers *Dürrnast* vorbei. 300 m nach dem letzten Haus von *Dürrnast* Abzweigung auf Feldweg re. Oberhalb von *Streithag* bis zum Dorfende, dann scharf re (!) abw in das kl Dorf. 1. Abzweigung li wieder aus dem Dorf hinaus. Querweg nahe der Str re, nach 100 m Kreuzung
OM ger leicht abw. Am idyllischen *Neuwirtssee ohne Markierung* li 200 m an der Str entlang zur

• **Ausflugsgaststätte-Pension Neuwirtshaus** - Eine traditionsreiche und beliebte Ausflugsgaststätte. Gemütliche Gasträume, Biergarten. Leckere gutbürgerliche Küche mit Fleisch aus eigener Schlachtung. Neben ausgezeichneten Braten- und Schnitzelgerichten sind die Wildspezialitäten und das kernige Vesper besonders zu empfehlen. Mittlere Preise. - *ÖZ bitte unter 07903-2205 erfragen.* - *Ru = Mo.*

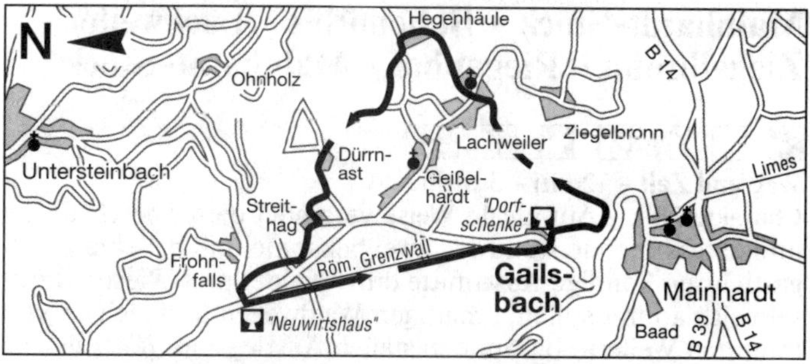

• **Neuwirtshaus – Gailsbach** – 4 km – 1 Std – Mit *[Rotem Strich, Limeswanderzeichen]* an der Str nach *Schwäbisch Hall* entlang. Nach 5 Min halbre in den Wald hinein. Bei Austritt aus dem Wald Fahrstr ger überqueren. Weiter am Weidezaun entlang in den Wald. Es folgt jetzt ein abenteuerliches Waldstück, in dem der *Limeswanderweg* durch ein sehr steiles Tal geführt wird **(!)**. Zum Abschluß über eine sehr steile Treppe aufw. Oben immer schnurgerade weiter, vorbei an einem rekonstruierten *Limesturm.* An der Str nach *Gailsbach* ein Stück re. Bei Gabel halbre *Manfred Pahl Weg,* der zum sehenswerten *Pahl-Museum* und zurück zum Ausgangspunkt führt. *MW*

Dorfschenke
Familie Stammer

Ein Wanderziel für die ganze Familie.

Öffnungszeiten:
Montag - Freitag ab 16.00 Uhr
Samstag, Sonntag und Feiertag ab 10.00 Uhr geöffnet.
Ruhetag Mittwoch - Jedes 1.Wochenende im Monat geschlossen

74535 Mainhardt-Gailsbach, Mainhardter Str. 36,
Tel.: 0 79 03/26 59, Fax 0 79 03/75 22

Ausflugsgaststätte - Pension

74535 Mainhardt-Neuwirtshaus
Tel. 0 79 03/22 05
Montag Ruhetag

HERZLICH WILLKOMMEN IN DER GASTSTÄTTE NEUWIRTSHAUS

Sie finden uns in romantischer ruhiger Lage, auf einem Höhenzug der „Waldenburger Berge“.
Unser Haus ist umgeben von einer idyllischen Wald- und Wiesenlandschaft. Sie können stundenlang durch die Wälder, Wiesen und Täler wandern. Aus eigener Schlachtung bekommen Sie bei uns eine ausgezeichnete schwäbische Küche.
Gästezimmer und Gartenwirtschaft vorhanden.

Mainhardt-Stock - Bubenorbis - Lachweiler - Ziegelbronn - Riegenhof - Mainhardt-Stock

Weg und Zeit - 12 km - 3 Stdn.
Charakteristik - Auf ideale Weise verbindet dieser beschauliche und entspannende Rundweg zwei bekannte und beliebte Landgasthäuser. Sonnige Abschnitte durch Felder und Wiesen wechseln sich ab mit stillen, schattigen Waldwegen und kleinen verträumten Weilern. Bis auf den steilen Anstieg zum *Riegenhof* ist die Wanderung sehr bequem.
Anfahrt - Von *Mainhardt* B 14 ca. 2 km Ri *Schwäbisch Hall.*
Parken - Gäste- P beim *Hotel-Gasthof Löwen* an der B 14.

• **Stock - Bubenorbis - Maibach - Lachweiler** - 8 km - 2 Stdn -
MA Vom *Löwen* mit *[Grünem Ring]* am Waldrand leicht aufw. Bei gr
Kreuzung im Wald li, nach 200 m an der 1. Abzweigung re. Auf
asphaltierter Str am Waldrand li. Bei Abzweigung nicht re der
OM Markierung folgen, sondern *ohne Markierung* ger. Nach 50 m
Gabel halbli. Asphaltierte Querstr scharf re, 1. Abzweigung li,
Ri *[Württemberger Hof]*. Jetzt immer ger bis in die kl Ortschaft
Hütten. Vor bis zur *Rottalstr*, dort li Ri *Mainhardt.* Gleich nach
dem Ort kurz re, gleich wieder li auf Fahrstr *[6 t]* am Sportplatz
vorbei in den Wald. Ca. 200 m nach Waldbeginn auf br Forststr
re. Nach ca. 5 Min bei Gabel halbre. Der jetzt schmale Waldweg
mündet nach einem kl Abstieg auf br Weg. Hier li am Waldrand
entlang bis zur Kläranlage. Auf der Fahrstr aufw nach *Bubenor-*
MA *bis.* Mit *[Rotem Kreuz]* Dorfmitte li, re an der Kirche vorbei und
B 14 überqueren. Auf Fahrstr durch das idyllische *Maibach.*
MW Aufw zum Wald und mit *[16]* den Wald durchqueren. Nach 20
Min bei Austritt aus dem Wald nicht re *[Rotem Kreuz]* folgen,
OM sondern *ohne Markierung* weiter ger. Auf Fahrstr mit *[Blauem*
MA *Kreuz]* li bis *Lachweiler. Hegäckerstr* ger, *Langäckerstr* re, *Geißel-*
hardter Str li. Nach 100 m auf der re Seite Einkehrmöglichkeit im

• **Gasthaus-Pension zur Linde** - Ein gepflegtes Landgasthaus mit einfachen Gästezimmern. Behagliche, ungezwungene Atmosphäre. Gutbürgerliche Küche mit Schwerpunkt auf kleinen heimischen Gerichten (z. B. sehr leckere Kässpätzle). Deftige Vesper aus eigener Hausschlachtung. Je nach Saison auch herrliche Fisch- und Wildgerichte. Günstiges Preis-Leistungs-Verhältnis. P am Haus. - *Ru = Mo.*

• **Lachweiler - Ziegelbronn - Riegenhof - Stock** - 4 km - 1 Std -
Auf der *Geißelhardter Str* weiter mit *[Blauem Kreuz]* aus dem Ort
hinaus. Am Ortsende auf asphaltiertem Weg re. Nach Holz-
OM schuppen auf freiem Feld *ohne Markierung* li auf Feldweg bis
Ziegelbronn. Vorbei am Gartencenter, Hauptstr re. Nach 100 m re
MA mit *[Grünem Ring]*, *Ww [Riegenhof]*. 5 Min nach dem Ort auf
freiem Feld Gabel halbli. Vor dem Waldrand re, nach 100 m li.

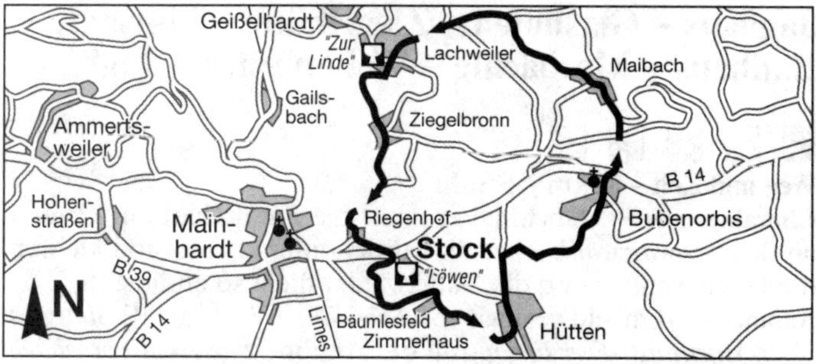

Zunächst auf Fahrstr, später auf Waldweg abw durch den Wald. Unten im Tal Bach überqueren und sehr steil aufw zum *Riegenhof.* Mit *[Grünem Ring]* li halten und parallel zur B 14 in ca. 10 Min zurück zum Ausgangspunkt in *Stock.*

- **Hotel–Gasthof Löwen** – Ein sehr komfortabler Landgasthof mit familiärer Atmosphäre. Hervorragende, kreative Küche, die auch den anspruchsvollen Gast zufriedenstellt. Großzügige Komfortzimmer, Tagungsräume, Schwimmbad mit Sauna und Solarium, Kegelbahn. Ein ideales Ziel für Erholungssuchende wie auch durchreisende Geschäftsleute. Mittlere Preise. – *Kein Ru.*

Gasthaus-Pension

Zur Linde

80 Jahre Gastlichkeit

Gemütliches und gepflegtes Landgasthaus lädt zum Verweilen ein. Wir freuen uns auf Ihren Besuch.

Inh. Erika Kircher,
74535 Mainhardt-Lachweiler,
Tel. 0 79 03/4 88

HOTEL · GASTHOF LÖWEN

Tagen, wohnen, speisen, feiern in behaglicher, familiärer Atmosphäre.

74535 Mainhardt-Stock, An der Bundesstraße 14
Telefon 07903/931-0, Fax 1498

Jaghaus - Glashofen - Ziegelhütte - Flinsberg - Badhaus - Marbächle - Wolfenbrück - Jaghaus

Weg und Zeit - 20 km - 5 Stdn.
Charakteristik - Manchmal erinnert die Landschaft am *Oberrot* an den *Schwarzwald.* Aber die Höhenunterschiede sind kleiner, die Hügel sanfter und die Nadelwälder nicht so endlos.
Anfahrt - 18 km südwestlich von *Schwäbisch Hall* aus Ri *Stuttgart* über *Murrhardt-Fornsbach.* Auf der Anhöhe zwischen *Fornsbach* und *Fichtenberg* li abzweigen. Sonst über B 14 abzweigend östlich von *Mainhardt* bei *Stock* auf der *Idyllischen Straße* bis *Oberrot* und über *Glashofen* bis *Jaghaus.*
Parken - Gr P beim *Gasthof Försterhaus* in *Jaghaus.*

• **Jaghaus - Glashofen - Ziegelhütte - Flinsberg** - 1¼ Stdn -
MA Vom P 50 m ostwärts, dann li mit *[Rotem Punkt]* bis *Glashofen.* Am Ortseingang Ri *Wolfenbrück.* Noch *[Roter Punkt].* Nach 40 Min Straßenkreuzung nach re Ri *Ebersberg* bis *Ziegelhütte.*
MW Hauptstr verlassen, li *[Rotes Kreuz],* nach 300 m li zum *Flinsberg Hufeisen.*

• **Flinsberg** (535 m) - Ein Hinweis deutet auf die Entstehung der Quarzitblöcke (Feuerstein), deren Begleitkalk sich in langen Jahren aufgelöst hat und das schwerlösliche Silikat zurückließ.

• **Flinsberg - Badhaus** - 1¼ Stdn - Zurück zum Wanderweg, mit *[Rotem Kreuz]* li Ri *Marbächle.* Am Waldrand entlang bis zum kl Weiher, dann li immer mit *[Rotem Kreuz]* den Hang hinunter bis Forstweg li, 80 m, dann re über den Bach zur *Kon-*
OM *halder Sägmühle.* 200 m nach der *Sägmühle* re, *[Rotes Kreuz]* verlassend, auf befestigtem Weg bis zur M 2674, am *Sägmühlmuseum* in *Badhaus* re zur

• **Gaststätte Wiesengrund** - Ruhige Lage inmitten von Wiesen nahe der Str *Mainhardt-Oberrot.* Einfache Gästezimmer. Familiäre Atmosphäre. Gemütliche Gasträume. Gutbürgerliche Küche. Wild, Geflügel, Hausspezialitäten sowie Vesper. Offene Weine. Untere bis mittlere Preise. - *Ru = Mi.*

• **Sägmühlmuseum** - Die *Sägmühle* wurde von 7 Bauern der Umgebung im Jahre 1856 gebaut und über 100 Jahre betrieben. Das oberschlächtige Wasserrad hat einen Durchmesser von 4,5 m. 1982 wurde die *Marhördter Sägmühle* zu einem Museum umgebaut.

• **Badhaus - vorbei an Marbächle - Wolfenbrück - Jaghaus** - 2½ Stdn - Von der *Gaststätte* zurück zum *Sägmühlmuseum,* dann
MA li über den Bach. *Ww [Konhalden, Dexelhof, Brennhof].* Nach 200 m re *[Roter Punkt].* Nächste Weggabelung ger bis *Wolfenbrück,* Ort durchwandern (1,3 km). Zuerst Str *Trieb,* dann *Rottalstr,* bis Ortsschild li *[Richtung Murrhardt].* Nach 200 m Str verlassen, nach li über Wander-P. Am Ende des P halbre, 200 m wei-

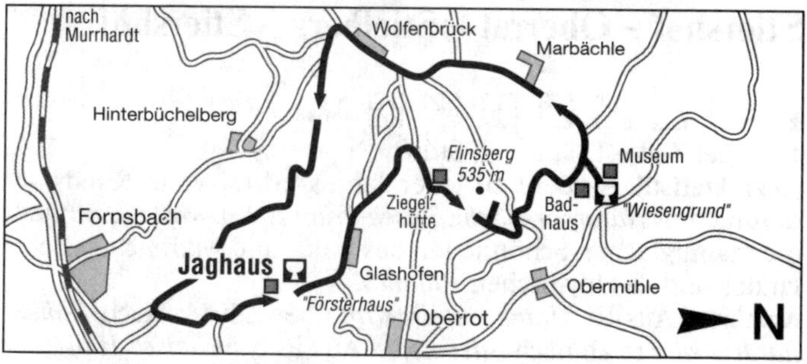

ter li *Schlembachweg.* 3 km bis *Neuhaus,* 250 m ger bis *Ww [Harnersberg],* li durch *Harnersberg* mit *[Blauem Strich]* bis kurz vor *MW*
Jaghaus. Noch 300 m ger mit *[Rotem Punkt].* In *Jaghaus* Ein- *MW*
kehrmöglichkeit im

• **Gasthof Försterhaus** – Ruhige Einzellage am Wald. Gemütliche rustikale Gasträume mit ungezwungener Atmosphäre. Gartenbewirtschaftung. Gutbürgerliche Küche. Reichhaltige Karte. Tagesgericht und verschiedene kl Speisen. Eigene Schlachtung. Offene Weine. Mittlere Preislage. – *Ru = Mo und Di.*

Gaststätte Wiesengrund

Gemütliche Landgaststätte lädt zum Verweilen ein. Die Wirtin kocht selbst nach alter Tradition.
3 Doppelzimmer mit DU/WC.
Für Gesellschaften stehen verschiedene Räumlichkeiten zur Verfügung.

74420 Oberrot-Badhaus, Tel. 0 79 77/4 35
Ruhetag Mittwoch

Gasthof Försterhaus Jaghaus

Auf Ihren Besuch freut sich Familie Probst
74420 Jagsthausen/Oberrot, Tel: 0 79 77/2 87
Herrliches Ausflugsziel!

Der Gasthof **Försterhaus** hat sich weithin einen guten Namen gemacht.
Eine gutbürgerliche Küche (eigene Schlachtung) sorgt für das leibliche Wohl. Im Sommer Gartenbewirtschaftung.

Stiershof - Oberrot - Stielberg - Stiershof

Weg und Zeit - 12 km - 3 ½ Stdn.
Charakteristik - Diese zu jeder Jahreszeit reizvolle Rundwanderung im *Naturpark Schwäbisch-Fränkischer Wald* erschließt die mannigfachen Schönheiten des wald- und wildreichen Berglandes und des idyllischen *Rottales.*
Anfahrt - Aus Ri *Mainhardt–Oberrot* über L 1054: Nach *Hohenhardtsweiler* re ab nach *Stiershof.* - Aus Ri *Schwäbisch Hall* über B 19, ab *Rosengarten-Uttenhofen* über L 1054. Vor *Hohenhardtsweiler* li ab nach *Stiershof.*
Parken - Gäste-P am *Landgasthof „Grüner Baum“.*

• **Stiershof - Frankenberg - Hohenhardtsweiler** - gut 1 Std - Vom *Landgasthof „Grüner Baum“* im idyllisch gelegenen Weiler *Stiershof* (522 m ü. NN) zunächst auf der Fahrstr in nördlicher
MA Ri, *[Rotes Kreuz],* leicht bergauf. Nach 200 m bei der Straßenabzweigung li und nach weiteren 250 m re der Markierung folgend in den Wald. Nun läuft der Wanderweg an einer Blockhütte vorbei ca. 600 m lang parallel mit *[HW 3 (Main-Neckar-Rhein)].* Bei der Weggabelung li, weiter der Markierung *[Rotes Kreuz]* folgend zunächst im Wald, später am Waldrand bis zur L 1054. Nach der Straßenüberquerung kurz steil bergauf. Am Friedhof vorbei nach *Frankenberg.* Bei der Wanderwegkreuzung *[Rotes*
MW *Kreuz]* und *[Blauer Punkt]* li, nun immer dem *[Blauen Punkt]* folgend am Rand des Golfplatzes vorbei nach *Hohenhardtsweiler* (kl Teilort von *Oberrot).*

• **Hohenhardtsweiler - Oberrot** - knapp 1 Std - Am Ortsrand weiter dem *[Blauen Punkt]* folgen, ca. 100 m der Fahrstr entlang, beim letzten Haus re, auf geteertem und später auf befestigtem Weg bis zum Waldrand. Li, am Waldrand entlang bis zum Wegende. Von hier re, steilen Trampelpfad abwärts bis zur Überquerung der Forststr und dann, etwas weniger steil, abw nach *Oberrot.* Durch die neue Siedlung und durch öffentl. Grünanlagen zum *Rathaus.*

• **Oberrot** - Mit 3100 Einwohnern Mittelpunkt und Hauptort des waldreichen *Rottales.* Großes Sägewerk und andere Industrie- und Gewerbebetriebe. Sehenswerte Dorfkirche (älteste bezeugte Kirche des Kreises *Schwäbisch Hall). 787 durch Hiltisnoot* aus dem Geschlecht der *Kochergaugrafen* an das *Kloster Lorsch* an der Bergstraße verschenkt. Mehrfach umgebaut. Stiftungstafel mit Wappen von *Murrhardt, Limpurg* und *Rot* über der Südpforte; Ölberg aus dem 16. Jh.

• **Oberrot - Hausen - Stielberg** - ¾ Std - Ab Rathaus entlang der Hauptstr in Richtung *Fichtenberg.* Bei der scharfen Linkskurve re ab in die Str *„Am Sportplatz“.* Vorbei an der Kultur- und Festhalle, auf asphaltiertem Weg durch das Sägewerksgelände parallel

zum Bach durch die Wiesenauen in den Ortsteil *Hausen* (353 m ü. NN). Am Ortseingang li über die Fahrstr L 1050. An der Kirche vorbei zum Friedhof. Von dort, dem steilen Kreuzweg folgend, hinauf zur *Gnadenkapelle* am *Stielberg* (1799 erbaut, 1952 renoviert). Großartiger Ausblick auf das idyllische *Rottal.*

• **Stielberg - Stiershof** - ¾ Std - *Ohne Markierung* li, auf der Fahrstr aufw zum Weiler *Scheuerhalden.* Kurz nach dem Ortsschild li, zunächst auf geteertem, dann auf befestigtem Feldweg. Bei der Fertighausfabrik wird die Fahrstraße wieder erreicht. Auf dieser li, bei leichter Steigung in ca. 15 Min zum Ausgangspunkt *Stiershof.* *OM*

• **Landgasthof „Grüner Baum"** - Sehr schön gelegenes Ausflugslokal mit Kinderspielplatz, kleinem Tiergehege, Gartenwirtschaft u. Terrasse. Moderne Kegelbahn. Gemütliche, im rustikalen, ländlichen Stil gehaltene Gasträume. Gutbürgerliche Küche mit saisonalen, regionalen und internation. Gerichten. Auch Kinder- und Seniorenteller. Vegetarische Gerichte. Untere bis mittlere Preise. Keine Übernachtung. - *ÖZ: Mi von 15.00–24.00 Uhr, Do–So von 11.00–24.00 Uhr, durchgehend warme Küche. - Ru = Mo, Di (Winter) bzw. Di, Mi (Sommer).*

Sie kommen gern – aus nah und fern!

... nach Lust, Laune, Anlaß und Tagesform.

Stiershof Gaststätten GmbH - Familie Hübner
74420 Oberrot-Stiershof, Stiershof 6
Tel: 0 79 77/2 45 Fax: 0 79 77/2 09

Gaildorf - Unterrot - Schönberg - Honkling - Röter Turm - Mittelrot - Kernerturm - Gaildorf

Weg und Zeit - 18 km - 4 ½ Stdn.

Charakteristik - Schöne Wanderung mit mittleren Steigungen. Zuerst durch die *Kocheraue* und später fast immer im Wald. Einige schöne Ausblicke. Durch die beiden Türme zwei Unterbrechungen mit geschichtlichem Hintergrund.

Anfahrt - A 6 bis Ausf. *Kupferzell*, dann B 19 über *Schwäbisch Hall* bis *Gaildorf*. - B 19 von *Aalen* direkt bis *Gaildorf*. - B 14 von *Stuttgart* bis *Sulzbach (Murr)*, dann über Landstr nach *Gaildorf* über *Murrhardt-Fichtenberg*, B 298 von *Schwäbisch Gmünd* nach *Gaildorf*. - *Gaildorf* ist Bahnstation an der Strecke *Schwäbisch Hall–Backnang–Stuttgart*.

Parken - Gr P an der *Kocherbrücke* gegenüber Schloß.

• **Gaildorf - Unterrot** - ¾ Std - Vom P über die Str. An der Nordseite des Schlosses in die Str *An der Eschenau* einbiegen. Ger bis zur B 19. Hier 5 m Ri *Gaildorf*. Dann li in den Wiesenhang einbiegen und ca. 1,4 km am *Kocher* entlang bis km 112,1. Über die Brücke der *Rot*. Gebäude über die Wiese re 15 m und dann auf befestigtem Weg bis *Unterrot*. Hinter dem Bahnhöfle *Gasthof Kocherbähnle*.

• **Gasthof Kocherbähnle** - Am Ortsrand gelegen. Gr P beim Haus. Behagliche, stilvolle Gästezimmer. Rustikale, gemütliche Gasträume mit gepflegter, ungezwungener Atmosphäre. Der Meisterbetrieb der Meisterinnung Baden-Württemberg bietet dem Gast eine bekannte, gutbürgerliche Küche. Reichhaltige, kreative Karte mit heimischen Spezialitäten, internationalen und vegetarischen Gerichten. Wohlsortierter Weinkeller. Mittlere Preise. - *Ru = So ab 15.00 Uhr und Mo.*

• **Unterrot - Schönberg - Honkling** - 1 ¾ Stdn - Vom *„Kocherbähnle“* re auf dem Radweg Ri *Schönberg*. Ab Bahnhof *Schönberg*
MA der Wegmarkierung *[Blauer Strich]* bis *Schönberg* folgen. Von
MW dort mit *[Blauem Punkt]* entlang des *Staigerbaches* ca. ¼ Stdn, bis nach re der *Sandgehrenweg* abzweigt. Ger bis zur B 298. Diese
MW überqueren und 500 m ger. Dann mit *[Blauem Strich]* nach re bis *Honkling*.

• **Honkling - Röter Turm - Mittelrot - Kernerturm - Gaildorf** - 2 Stdn - In nördlicher Ri immer mit *[Blauem Strich]* bis zum *Röter Turm*. Vom *Röter Turm* weiter mit *[Blauem Strich]* durch *Mittelrot* nach re entlang der Bahnlinie bis auf die Höhe vor *Gaildorf*.

• **Burg Röterberg** - Ein Bergfried mit quadratischem Grundriß und Buckelquadern ist von der ehemals *staufischen* Burg aus dem 12. Jh. zu erkennen.

• **Abstecher zum Kernerturm und zurück** - Mit *[Liegendem U]*

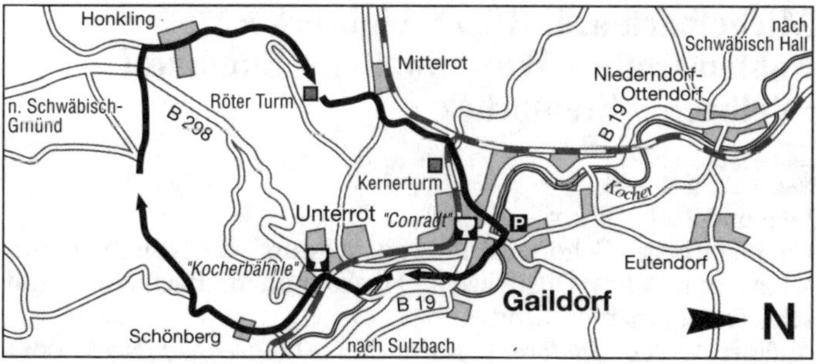

geht es hinauf zum *Kernerturm* auf dem *Kirgel* (458 m) und wieder zurück. Der nach dem Dichter *Justinius Kerner* benannte Aussichtsturm hat Ähnlichkeit mit einer indischen Pagode und bietet schöne Aussicht. Das Albvereinszeichen *[Blauer Strich]* führt wieder nach *Gaildorf* und zum P.

• **Weinstube Conradt** - Zentrale Lage. Behagliche Atmosphäre. Moderne Gasträume. Regionale und saisonale Küche. Reichhaltige Speisekarte, auch Wild, Geflügel und Fisch. Tagesmenü und kleine Gerichte sowie Vesper. Bier vom Faß. Offene Weine. Mittleres Preisniveau. - *Ru = Mo und am letzten So im Monat ab 14.00 Uhr.*

Gasthof Kocherbähnle

Schwäbisches und mehr ...

- Regionale und Saisonküche, Party-Service
- Moderne Fremdenzimmer mit DU/WC, TV, Radio und Telefon
- Sonntags ab 15.00 Uhr geschlossen, montags ganztägig geschlossen.

Fam. U. Oesterle,
74405 Gaildorf-Unterrot, Schönberger Straße 8,
Telefon 07971/7054, Telefax 21088

Weinstube Conradt

Restaurant

Inh. Ralf u. Peter Hartmann

74405 Gaildorf, Karlstraße 36,
Telefon und Fax 0 79 71/2 17 15

Michelbach a. d. Bilz/Steinbrück – Kohlenstraße – Winzenweiler – Eutendorf – Adelbach – Steinbrück

Weg und Zeit – 19 km – 4½ Stdn.

Charakteristik – Schöner Rundweg, der durch die typische Landschaft mit Wald, Obstwiesen, Heckenrainen, Bachtälern und schönen Aussichten führt.

Anfahrt – A 6 *Heilbronn–Nürnberg,* Abfahrt *Kupferzell* oder *Schwäbisch Hall,* B 19 nach *Schwäbisch Hall,* Abzweigung von der L 1055 *Schwäbisch Hall/Hessental–Michelbach a. d. B.* nach *Gschlachtenbretzingen.*

Parken – Gäste-P beim *Gasthaus „Zum Löwen".*

• **Steinbrück – Winzenweiler** – 2 Stdn – Vom *„Löwen"* entlang Str Ri *Michelbach* über Gleise und Bahnbrücke bis L 1055. Re ab, nach 80 m li, *Ww [Ev. Gymnasium].* Nach 400 m Ortseingang. *Hagenhofweg* ger, li Aufbaugymnasium, re Sportanlagen bis *Kirchstr.* Li ab, re Kirche, an Friedhof Gabel halbre, Weg aufw. 400 m in Wald, schöne Aussicht. Entlang Weg bis P . Gabel
MA halbli, Anfang *Kohlenstr.* Nach 50 m *[Roter Strich].* Nach 200 m
OM Abzweigung, ger (!) *ohne Markierung.* An Gabel ger, *[Blauer*
MA *Strich].* Nach 2,5 km li *Dreikaiserlinde.* Nach 20 Min re ab *(Hörle-*
weg). Nach 10 Min Gabel halbli. An Wegekreuz ger. An Wald-
MA ende li ab, am Waldrand entlang *[Blauer Punkt].* Weg führt wieder in Wald, nach 50 m re ab Ri *Winzenweiler,* aus Wald durch Wiesen in Ort. Entlang *Halweg* bis *Crailsheimerstr.* Li ab. Nach 50 m li *„Steak-Treffpunkt".*

• **Steak-Treffpunkt** – Gemütlich-rustikales Gasthaus mit gepflegter Atmosphäre. Biergarten. Internationale Küche, Spezialität: Steaks in allen Variationen. Bier vom Faß, offene Weine. Mittlere Preise. – *Ru = Di, Mi.*

• **Winzenweiler – Eutendorf – M. a. d. B./Steinbrück** – 2½ Stdn – Vom *„Steak-Treffpunkt"* re auf *Crailsheimerstr.* Nach 50 m re ab in *Halweg.* Ger in Wald. An Abzweigung li ab, *[Blauer Punkt].*
MA Aus Wald entlang Waldrand, an 3. Abzweigung halbre. Nach
300 m an Wegekreuz ger auf grasigem Weg. Nach 1 km läuft Weg parallel zu Fahrweg, geht nach 300 m in ihn über. Abw (20 %) an Wacholderheide und Steinbruch vorbei. An Waldrand sehr schöne Aussicht über *Eutendorf.* Ab Ortsrand *Eutendorf* entlang *Sturzweg,* in *Hindenburgstr* übergehend durch Ri *Ottendorf.* Nach Ortsausgang bei Linden-ND re ab Ri *Adelbach* ent-
MW lang Str, *[Blaues Kreuz].* Wunderbare Aussicht auf Heckenraine und *Buchhorn.* An *Adelbach* vorbei entlang Bach in Wald. An Wegeabzweigung nach Bachüberquerung ger aufw. 400 m nach Waldrand re ab. Nach 20 m re ab, nach 20 m li aufw. An Wege-
MW kreuz ger *[Roter Balken].* An Gabel auf Anhöhe halbli (!). Nach

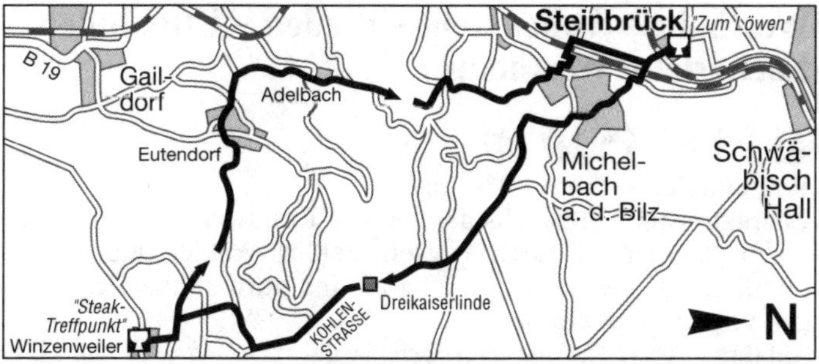

50 m in abw führenden Weg zwischen zwei Schlehenhecken in Hohlweg. Nach Hohlweg sehr schöne Aussicht auf *Kochertal, Einkorn, Michelbach*. Über P am Ortseingang *Michelbach* ger entlang Ortsrand *(Pilzweg)*. Am Ende li, Überquerung *Hirschfelderstr,* Str biegt nach re *(Bühlstr),* nach 200 m li in *Höhenweg,* nach 200 m li in *Kocherweg,* über Bahnbrücke. Dann parallel zu Gleisen bis Abzweigung nach li nach *Steinbrück* zur Einkehr im *MW OM*

• **Gasthaus „Zum Löwen“** – Gemütliches, traditionsreiches Gasthaus. Behagliche, ungezwungene Atmosphäre. Gutbürgerliche regionale Küche. Auch Fisch, Geflügel, Vesper. Senioren- und Kinderteller. Bier vom Faß, offene und Flaschenweine. Mittlere Preise.– *Ru = Mo, letzter So im Monat nur 10.00–15.00 Uhr.*

74405 Gaildorf-Winzenweiler,
Crailsheimer Str. 7
Tel. 07971/910163,
Fax 07971/910165

Steak-Treffpunkt

Öffnungszeiten: 17.00 bis 24.00 Uhr
zusätzlich Samstag
12.00 bis 14.00 Uhr
Sonntag
10.00 bis 14.00 Uhr
Warme Küche bis 22.00 Uhr
Ruhetag Dienstag und Mittwoch

Gasthaus „Zum Löwen“

Familie Egner
Traditionsreiches Gasthaus seit 1584

74544 Michelbach (Bilz) • Steinbrück 1
Telefon 07 91/23 91

Westheim – Vohenstein – Rieden – Uttenhofen – Kochertal – Westheim

Weg und Zeit – 15 km – 3 ½ Stdn.

Charakteristik – Abwechslungsreicher Rundweg mit eindrucksvollen Aussichten durch Wiesen, Felder, Wälder und das romantische *Kochertal*. Mittlere, zum Teil auch stärkere Steigungen vom und ins *Kochertal*.

Anfahrt – A 6 *Heilbronn–Nürnberg*, Abfahrt *Schwäbisch Hall*, B 19 durch *Schwäbisch Hall* nach *Westheim. Gasthof Rössle* in *Westheim* im Tal an B 19.

Parken – Gäste-P am *Landgasthof Rössle.*

MA • **Westheim – Uttenhofen** – 1 ¾ Stdn – Vom *Rössle* li entlang B 19 Ri *Gaildorf.* Nach 50 m in Kurve re in *Biberstr [Roter Balken auf weißem Grund].* Ger, am Ortsausgang ger Ri *Vohenstein* entlang *OM* der Pappelallee. Überquerung der Bachbrücke, durch Hohlweg ger aufw. An Wegegabelung re durch Gärten, Obstwiesen und Hohlweg. Blick vom Aussichtspunkt *Vohenstein* über *Westheim* und zum *Einkorn.* Ri Wald ger entlang Kamm, befestigter Weg geht im Wald in Grasweg über. An Wegegabelung ger, über Treppe aufw, auf geschottertem Weg re, langsam abw. An L 1054 *MA* re Ri *Westheim*, ab Abzweigung nach *Dendelbach [Blauer Punkt auf weißem Grund].* In Straße nach *Rieden* li abbiegen, entlang K2594 aufw, Blick auf *Einkorn* und *Buchhorn.* In *Rieden* entlang *Talstr*, in *Kirchklingenweg* re, über Bach. Weg führt aufw aus Ort in Felder. An Wegegabelung mit Baumgruppe re, an Wegekreuz ger bis nach *Uttenhofen.* Hauptstr überqueren zum *Gasthof Krone.*

• **Gasthof Krone** – Am Ortsrand gelegen. P beim Haus. Gemütlicher, rustikaler Gasthof mit angenehmer familiärer Atmosphäre. Biergarten. Gutbürgerliche regionale Küche aus eigener Schlachtung. Tages- und Vesperkarte, Vollwertangebot. Bier vom Faß, offene und Flaschenweine. Mittlere Preise. – *Ru = Mi.*

• **Uttenhofen – Westheim** – 1 ¾ Stdn – Von der *Krone* li in *Salzstr.* In *Ostring* li, ger aus Ort heraus durch Obstwiesen. An Wegegabelung re, an Wegekreuz re Ri *Kochertal.* Blick auf *Schwäbisch Hall*, *Einkorn*, *Michelbach*, *Kochertal*, *Buchhorn.* Stark abw *MA* ins *Kochertal*, im *Kochertal* re, Markierung *[Rotes Kreuz auf weißem Grund].* An Wasserwerk vorbei über Brücke, danach re durch die Auwiesen des *Kochertales.* In Kocherschlinge führt Weg li stark aufw aus *Kochertal* heraus, an Steinbruch vorbei. An Wegekreuz an Bahnlinie re. Parallel zur Bahnlinie 2 km Ri *Westheim.* An L 1055 re Ri *Westheim.* An L 1055 entlang. 150 m nach Rechtskurve re. Vor Ortseingang *Westheim* B 19 re über Kocherbrücke und in den Ort. Nach Rechtskurve erreicht man den *Landgasthof Rössle.*

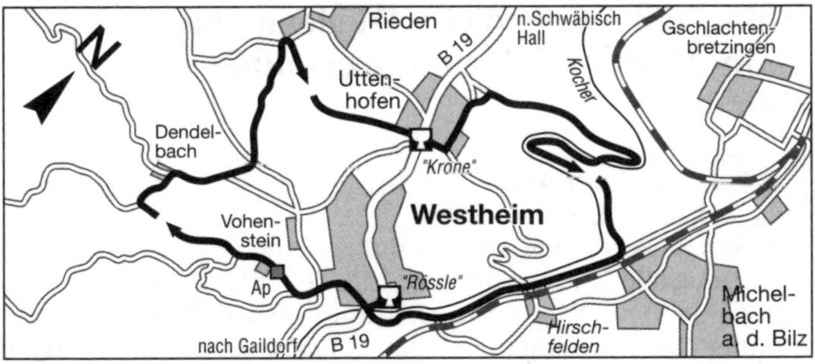

- **Landgasthof Rössle** – Behaglicher familiärer Landgasthof mit Terrasse und Biergarten. Regionale Küche mit Wild-, Fisch- und Geflügelangeboten, Kinder- und Seniorenteller, Schon- und Vollwertkost, Vesper- und Tageskarte. Bier vom Faß, offene und Flaschenweine, eigene Brennerei. Mittlere Preise. Pauschalangebote (Wandern im Rosengarten). – *Ru = Sa (nur Restaurant).*

Gasthof Krone-Uttenhofen

Inh. Familie Kübler

Wir bieten Ihnen gute schwäbische Küche und eigene Hausschlachtung in gemütlicher Atmosphäre.

Neue stilvoll eingerichtete Fremdenzimmer

Mittwochs Ruhetag

74538 ROSENGARTEN-UTTENHOFEN
Tel. 07 91/5 22 43 · FAX 07 91/5 20 97

LAND-GASTHOF RÖSSLE

Über
500 JAHRE
Die hällische Erbschenke zu Westheim.
Gästezimmer mit Komfort

74538 Rosengarten-Westheim – Marktplatz 1 – Tel. 07 91/5 16 07

Bühlerzell – Kottspiel – Weidenmühle – Tannenburg – Halden – Avenmühle – Bühlerzell

Weg und Zeit – 12 km – 3 Stdn.
Charakteristik – Eine abwechslungsreiche Wanderung durch eindrucksvolle Landschaft, über zum Teil offenes Gelände nahe der *Bühler.* Der Weg führt auch durch schattige Wälder. Sehr schöner Aussichtspunkt auf der *Tannenburg.* Keine größeren Steigungen.
Anfahrt – *Bühlerzell* liegt 15 km südöstlich *von Schwäbisch Hall.* A 6 bis Ausfahrt *Ilshofen/Wolpertshofen,* B 14 bis *Schwäbisch Hall,* dann B 19 bis *Gaildorf* oder *Sulzbach/Lauffen.* Auf der Landstr nach *Bühlerzell.* – Nächste Bahnstation *Gaildorf* an der Strecke *Schwäbisch Hall–Backnang.* Busverbindung von *Schwäbisch Hall* (ZOB) mit Linie 12 bis *Bühlerzell.*
Parken – Gäste-P bei *Gasthof-Pension Zum „Goldenen Hirsch".*

• **Bühlerzell – Kottspiel – Weidenmühle – Tannenburg** – 1 ½ Stdn – Vom Gäste-P am *„Goldenen Hirsch"* Ri Westen das Dorf verlassen, *Ww [Geifertshofen 2 km].* Nach 800 m re steht an der Hauptstr ein Schuppen mit 3 Birken. Hier nach re auf den Feldweg einbiegen. Bis *Kottspiel* 1,5 km ger. In *Kottspiel* vorbei an Kirche und Bushaltestelle. Nach altem gemauertem Schulhaus Str nach li, bei Haus 14 nochmals li, dann Feldweg, kurz danach Fußweg über den Steg auf die andere Seite der *Bühler* li einbiegen, dann ger. Vorbei an der *Weidenmühle,* bis nach 2 km ab *Kottspiel* der Weg beim Sportplatz von *Bühlertann* auf die Land-
MA str nach *Ellwangen* trifft. Hier scharf re auf dem mit Markierung *[Roter Punkt]* bezeichneten Begleitweg der Landstr über *Halden* zur *Tannenburg.*

• **Variante** – Wer die Wanderung um ca. 2 km verlängern will, dem sei ein Abstecher von der *Weidenmühle* zum Erholungsort *Bühlertann* empfohlen.

• **Tannenburg** – Die noch ziemlich intakte Burg gehört zu den besterhaltenen geschlossenen Schildmauerburgen des Landes. Es ist eine *spätstaufische Anlage* des 11./12. Jahrhunderts. Die Burg wurde vom *Kloster Ellwangen* errichtet und diente dem Schutz der Ländereien. Die Schildmauer ist noch heute beeindruckend. Bewohnter Privatbesitz. Von hier genießt man eine schöne Aussicht auf die *Ellwanger* und *Waldenburger Berge* und die *Haller Ebene.*

• **Tannenburg – Halden – Avenmühle – Eichberg – Bühlerzell** – 1 ½ Stdn – Wanderweg von der *Tannenburg* bis *Bühlerzell* durchgehend bezeichnet. Zuerst führt der Weg mit der Markierung *[Roter Punkt]* nach *Halden* und dann ger weiter zur *Avenmühle.* Nach der *Avenmühle* (ca. 200 m) weiter mit Markierung *[Roter*

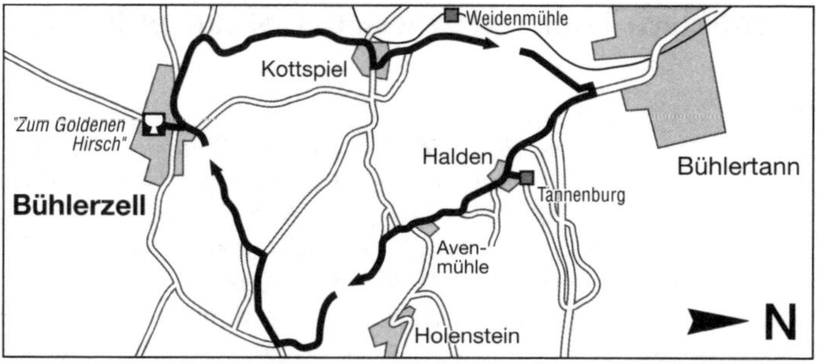

Punkt] und *Ww [Kammerstatt].* Über Wiese zum Waldrand. 1,5 km bis Abzweigung mit Hütte. Ab hier nach re mit Wanderzeichen *[Rotes Kreuz]* bis *Bühlerzell* über *Eichberg.* Gute Beschilderung. Kurz vor *Bühlerzell* trifft man auf einen Kinderspielplatz und die Hütte des *Schwäbischen Albvereins* auf dem Gelände eines ehemaligen Steinbruchs. Die noch unberührte Landschaft rings um *Bühlerzell,* gelegen im oberen *Bühlertal,* macht den Ort zum idealen Naherholungsziel. *MW*

• **Gasthof-Pension zum „Goldenen Hirsch"** - Modernes Haus mit rustikalem Ambiente. Die Gästezimmer sind behaglich im ländlichen Stil eingerichtet. Reichhaltiges Angebot an Speisen und Getränken. Eigene Schlachtung, Dosenwurst aus eigener Herstellung und selbstgebrannte Schnäpse. Wild aus heimischen Wäldern, Kinder- und Seniorenteller. Saal und Nebenzimmer vorhanden. Und auf dem Bauernhof mit Angusrinderherde haben auch Kinder ihren Spaß. Mittleres Preisniveau. - *ÖZ: Täglich ab 9.00 Uhr. - Ru = Do.*

• **Weitere Wanderwege:**

1) Bühlerzell - Heilberg - Gantenwald - Trögelsberg - Geifertshofen - Bühlerzell (ca. 8 km)

2) Bühlerzell - Kammerstatt - Hohenberg (ca. 10 km)

74426 Bühlerzell
Heidelberger Str. 2
Tel. 07974/386, Fax 1223

Gasthof und Pension
Zum „Goldenen Hirsch"

Das Haus mit Tradition, altdeutschem Charakter und familiärer Atmosphäre.

Schwäbisch Hall - Historischer Stadtrundgang

Dauer - 1-1½ (-2) Stdn.
Anfahrt - A 6, AS *Schwäbisch Hall.* - B 14 von *Stuttgart-Waiblingen-Backnang* bzw. von *Nürnberg-Ansbach-Crailsheim.* - B 19 von *Aalen-Gaildorf* bzw. von *Würzburg-Bad Mergentheim-Künzelsau.* - B 298 von *Schwäbisch Gmünd-Gschwend-Gaildorf* - B 19. - Von *Ellwangen* über *Bühlertann.* - *Bahnstation.* Mit der Einzelfahrkarte kostenloser Transfer mit dem Stadtbus ins Stadtzentrum!
Parken - Ein Ring von ausgeschilderten P umschließt den Stadtkern. Günstig für einen Rundgang sind 2 Parkhäuser: P 1 *Langer Graben* (B 14) und P 2 *Schiedgraben*, beide durchgehend geöffnet.

• **Schwäbisch Hall** - *Große Kreisstadt* und Sitz des *Landkreises Schwäbisch Hall,* Wirtschafts- und Kulturzentrum. Die überaus malerische Altstadt am *Kocher* mit ihren bezaubernden Gassen, den prächtigen alten Fachwerkhäusern und den romantischen Holzbrücken, die berühmten *Freilichtspiele* auf der Treppe von *St. Michael* sowie die burgartige Klosteranlage der *Comburg* ziehen jeden Besucher in ihren Bann. *Ricarda Huch* schreibt über *Schwäbisch Hall: „Natur hat diese Stadt gewiegt und Kunst hat sie gebildet".* - Für den Wanderer gibt es rund um die Stadt 250 km *markierte Wanderwege* und einen *Geologischen Lehrpfad* (S. 101). Geführte Wanderungen durch *den Schwäb. Albverein* (0791/72888).

• **Aus der Geschichte** - Bereits um 500 v. Chr. keltische Ansiedlung und kommerzielle Nutzung einer Salzquelle. - 1037 erste Nennung als *Halle* im *Öhringer Stiftungsbrief.* Die *Grafen v. Comburg* erhalten *Halle* zum Lehen. 1115/16 Übergang an die *Staufer* und planmäßige Stadterweiterung. Regierung durch staufische Ministeriale. *Stadtrecht* durch *Friedrich I. Barbarossa.* Bau der *Stadtmauer. Hall* wird eine der wichtigsten *Münzprägestätten* des *Hl. Röm. Reiches.* Der *Heller (Haller, Häller)* ist um 1200 erstmals urkundl. bezeugt. - Nach Ende der Stauferherrschaft müssen sich die *Haller* gegen die *Schenken v. Limpurg* zur Wehr setzen, die ihre Burg direkt vor den Toren der Stadt errichten. - 1276/1280 *Freie Reichsstadt.* - Im 14. Jh. Aufbau u. Befestigung der *Gelbinger Vorstadt* u. der Vorstadt *„jenhalb Kochens"* (westl. Kocherseite). - Salz- u. Weinhandel machen *Hall* zu einer reichen Stadt. - Nach 1522 Einführung der *Reformation* durch *Johannes Brenz. - 1680* Brand der *Gelbinger Vorstadt.* - 1728 Großbrand der Kernstadt. - 1739 Einführung der Gradiertechnik, damit Verzehnfachung des Salzertrags. - 1802 zu *Württemberg. - 1862-79* Eisenbahnanbindung. *- 1934 „Schwäbisch Hall". - 1960 Große Kreisstadt. - 1972-75* Eingemeindungen.

• **Der Rundgang** - Er führt zu den Hauptsehenswürdigkeiten der Kernstadt. Erweiterungsmöglichkeiten werden aufgezeigt.

Sehr zu empfehlen ist das repräsentative *Faltblatt* des *Informations- u. Kulturamts* mit Plan, Rundgang und Stadtgeschichte sowie ausführlichen Beschreibungen (s. auch S. 104). – **1) Marktplatz** – Stadtmittelpunkt seit der *Stauferzeit.* Er vermittelt noch heute eine starke mittelalterliche Impression. – Vor dem *Sibylla-Egen-Haus,* heute Informationsamt **i**, der gotische **Fisch- o. Marktbrunnen** von 1509 mit den drei Dämonenbezwingern *Simson* m. d. Löwen, *St. Michael* m. d. Drachen u. *St. Georg* m. d. Lindwurm. Darüber der got. *Pranger.* – Neben dem *Sibylla-Egen-Haus* das ebenfalls barocke *Stierhaus,* danach *der Goldene Adler,* Fachwerkbau m. Erker, Gasthaus seit 1568. Das wuchtige Steinhaus weiter bergauf ist heute *Ratskeller.* – An der Westseite das barocke **Rathaus,** erb. 1730–35. Der schloßähnliche Bau ist ein Prunkstück unter den deutschen Rathäusern. 1945 von Bomben getroffen, wurde es bis 1955 großteils wieder hergerichtet. – Rechts neben dem *Rathaus* die ehemalige *Bürgertrinkstube* und das *Wibelhaus.* – Gegenüber vom *Rathaus* die **Ev. Pfarrkirche St. Michael,** die mit ihrer riesigen *Freitreppe* den gesamten Platz beherrscht. Die unteren vier Stockwerke des *Westturms* sind romanisch von 1156, der achtseitige Aufsatz in Renaissanceform wurde um 1573/75 hinzugefügt. Das spätgotische *Langhaus* wurde 1427–56, der *Chor* 1495–1516/25 errichtet. An der Außenseite des Chorbaus der *hl. Michael* (um 1510). *Ölberg* von 1506. – Sehenswertes im *Inneren:* U.a. *Chor* mit prächtigem Netzgewölbe. *Hochaltar,* niederländisch, um 1460. *Kruzifix* (1494) von *Michael Erhart,* bedeutendes Meisterwerk spätgot. Schnitzkunst. *Taufstein* (1405). *Sakramentshaus* (15 m hoch) von 1438. *Kanzel* um 1490. *Chorgestühl* von 1534. Reich ausgestattete *Seitenkapellen des Chors. Michaelsaltar* (um 1510/20) in der *Sakristei. Heiliges Grab* (1480/1510) im *Langhaus. – Roman. Magdalenenkapelle* über der Turmvorhalle. – *Turmwächterwohnung.* – **Die Treppenanlage,** erb. 1507 mit 42 Stufen, verlängert 1840 auf 53 bzw. 54 Stufen, bis zu 70 m Breite, größte Kirchentreppe Deutschlands. Sie dient seit 1925 von Juni bis August als Bühne für die weitbekannten *Haller Freilichtspiele* vor der großartigen Kulisse von *St. Michael.* – Links vom *Rathaus* Gebäudegruppe mit schönen Renaissance- u. Rokokoportalen. – *Marktplatz-Südseite:* Mehrere stattliche Fachwerkhäuser, früher dem geistlichen Bereich vorbehalten. – **2) Klosterstr.** *Klosterstr/Nonnenhof* Nr. 5, ehem. *Pfleghof* des *Klosters Komburg,* Fachwerk um 1500. Nr. 7, *Bonhöfferhaus, Nonnenhof 1–6, Berler- u. Beginenhof.* – **3) Pfarrgasse.** Nr. 12, ehem. *Präzeptoratshaus,* Ende 15. Jh. Nr. 18, Wohnhaus des Reformators *Johannes Brenz.* – Treppe aufw. – **4) Großes Büchsenhaus oder „Neubau“,** 1508–27 als Zeughaus u. Kornspeicher err., heute Festsaal der Stadt. – *Rosenbühl* abw, *Holzmarkt* re. – **5) Langenfelder Tor** (1515) mit *Folterturm* und *Stadtmauer* (12./13. Jh.). – *Zwinger* re, zur Rechten der *„Neubau“,* dahinter eine Aussichtsterrasse und ein modern überdachtes

Treppenhaus, Treppenflucht abw. – (*Unterer Schiedweg* u. *Unterlimpurger Str* weiter: Nr. 33 – **Station 1 des Geopfades,** Nr. 13 = *Limpurgisches Zollhaus*, Fachwerk 1515, *Kirche St. Urban*, 1283/1445, leicht schiefer Turm.) – **6) Ehem. Limpurger Tor,** 12. Jh., Blick auf die Befestigungsanlagen des *Schiedgrabens*. – Treppen weiter abw zu den *Ackeranlagen/ Stadtpark* und hinüber zum **7) Epinalsteg,** erb. 1955, benannt nach der frz. Partnerstadt. Herrlicher Rundblick! – Über den *Unterwöhrd*, bis 1967 Standort des Solebades, und den *Theatersteg*, ebenfalls mit prächtigem Blick, u. a. auf den *Roten Steg. Str Im Lindach* re und Bogen aufw zum **K) Hotel Kronprinz Restaurant** – Angenehmes Haus in ruhiger Lage etwas oberhalb vom *Kocher*. Neurenovierte Komfortzimmer. Stilvolle Gasträume. Atmosphärische Kronprinzstube. Terrasse mit Altstadtblick. Die kreative, gehobene Küche verwöhnt den Gast mit kulinarischen Köstlichkeiten, mit zarten Steaks, Wild, Lamm, Fisch aus eigenen Gewässern u.v.a. Günstige Tagesmenüs. Mittl. Preise. – *Kein Ru.* P beim Haus. – *Bahnhofstr* stadteinwärts, beachtenswert das Haus Nr. 7. – **8) Roter Steg** von 1790. Prächtige Holzbalkenkonstruktion. Ziegeldach. Brückenturm. – Wieder über den *Unterwöhrd* zur *Kocherinsel Grasbödele* und über den *Steineren Steg*, den ältesten *Kocherübergang* der Stadt. Dahinter re der *Keckenhof* mit der achtgeschossigen *Keckenburg*, einem Wohnturm der Adelsfamilie *Keck* (1393–1545). Er gehört heute zum **9) Hällisch-Fränkischen Museum.** Es zeigt Geschichte, Kunst u, Kultur der *ehem. Reichsstadt* u. der Region *Württembergisch Franken*. Informative *Geologie-Abteilung*. Davor Tafel **Geopfad Schwäbisch Hall,** *Hohenloher Dreiklang:* das enge *Kochertal*, die flachwellige Gäufläche der *Hohenloher Ebene*, das bewaldete Keuperbergland der *Limpurger Berge* (s. S. 101). – Treppen aufw. – **10) Untere Herrengasse.** Gleich re (Nr. 8), Nebeneingang des *Museums* mit 3 schönen Barockportalen. Li ab, Haus Nr. 2, 15./17. Jh. – Li ab, **11) Hafenmarkt/Haalstr.** An der Stelle der *Stadtsparkasse* wurde 1938 beim Neubau eine *Salzgewinnungsanlage* der *Kelten* ausgegraben. – *Haalstr* abw. – **12) Haalplatz.** Hier standen die

HOTEL Kronprinz RESTAURANT

K – wie KRONPRINZ, KOMFORT, KRONPRINZENSTUBE, KULINARISCH, KONFERNENZ, KULTURELL, KONKRET.

Sabine u. Barbara Braun • Bahnhofstr. 17 • 74523 Schwäbisch Hall
Telefon (07 91) 97 70-0 • Telefax (07 91) 97 70 100

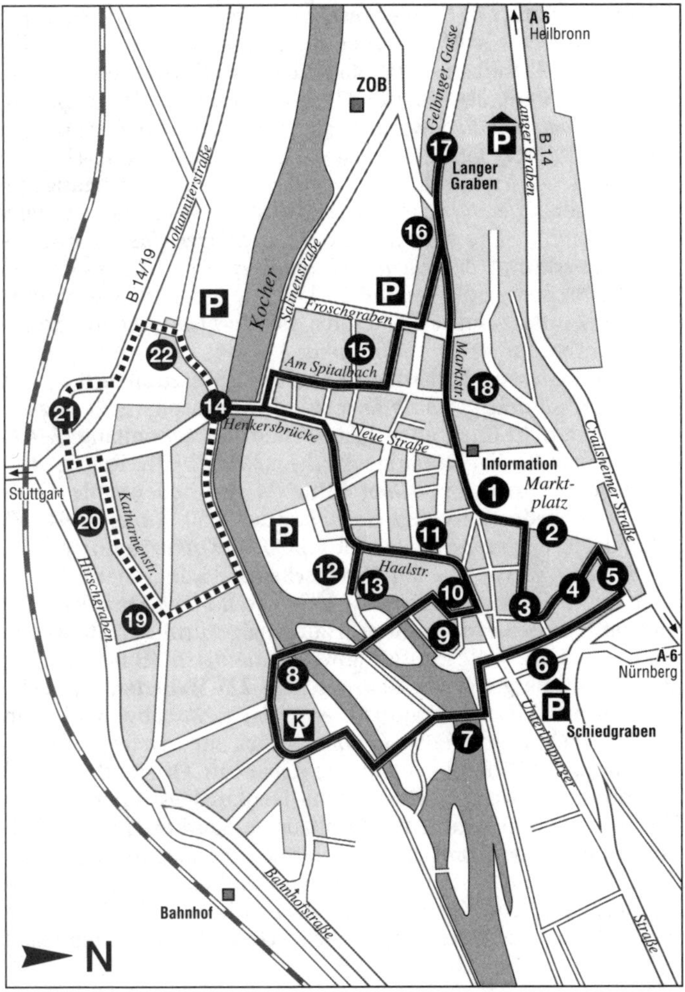

Haalhäuser, in denen bis 1831 Salz gesotten wurde (1924 abgebrochen). – Li das **13) Sulfertor mit Turm,** um 1250, umgebaut 1729. Vom Tor aus führt eine gepflasterte Furt für Fuhrwerke durch den *Kocher. Sulfersteg* von 1729. Großartiger Blick auf den idyllischen *Kocherbogen*. – Durch die *Schwatzbühlgasse* mit *Grasmarkt. Neue Str* li. – **14) Henkers- o. Rittersbrücke, Steinbrücke,** 1343/1502/1945. Dahinter die *ehem. Johanniter-Kirche*, 1385–1402, Freskenfragmente um 1400. Heute Ausstellungsraum. – (Wegerweiterung *Katharinenvorstadt,* s. S. 100.) – *Str Am Spitalbach* aufw. Li das **15) Spitalviertel** mit *dem ehem. Hospital zum Hl. Geist*, 1731 nach dem Stadtbrand wieder errichtet. Heute *Stadtbibliothek* und *Goethe-Institut*. – *Mohrenstr* li, am Ende überdachte Passage zum

Säumarkt. Sofort li, Sträßchen *Hinter der Waag.* Nr. 9 *Gerberei,* 1691, betrieben bis 1972. Weiter zur *Gelbinger Gasse.* Li (Nr. 25) der **16) Engelhardtbau,** 1705, Stadtpalais des Ratsherren *J. W. Engelhardt.* – Stadtauswärts der **17) Josenturm** über der *ehem. Kapelle St. Jodokus.* Fachwerkaufsatz 1680. Eines der schönsten Fachwerkhäuser der Stadt ist das *Gräterhaus* (Nr. 47) von 1605/1688. – (Am Ende der *Gelbinger Gasse,* Durchgang bei Nr. 103, der *Küfersturm,* äußerster Turm der befestigten *Gelbinger Vorstadt.)* – Die stimmungsvolle *Gelbinger Gasse* zurück. – **18) Säumarkt** mit der *ehem. Württembergischen Hauptwache* in klassizistischem Stil von 1811. Dahinter der *Säumarktturm,* Fachwerkaufsatz um 1600. – Durch die *Marktstr* mit den Barockhäusern (Nr. 3 u. 4) zum *Marktplatz.*

• **Wegerweiterung Katharinenvorstadt** – ½ Std zusätzlich – Von der *Henkersbrücke „jenhalb Kochens"* die atmosphärische *Mauerstr* mit ihren schönen alten Häusern am *Kocher* entlang. *Kirchgasse* re zur **19) Ev. Katharinenkirche,** 13./14./19. Jh. Reiche *Ausstattung.* Im gotischen *Chor,* Mitte 14. Jh., bedeutende Glasgemälde. Niederländischer *Hochaltar* um 1450. *Kanzel* 1694. *Hl. Grab* 1470. *Katharinenstatue,* um 1330. – *Katharinenstr* nördl., *Heimbacher Gasse* li. – **20) Hirtenscheuer,** 16. Jh., ehem. Schafstall, heute *Feuerwehrmuseum.* – Über die B 14/19, Str aufw. – **21) Henkers- o. Scharfrichterturm,** Halbschalenturm der Stadtbefestigung, 14. Jh. – Re Stufen abw, *Johanniterstr* (B 14/19) li bis Fußgängerübergang. *Str Weilertor* re. – **22) Weilertor,** um 1330, mit Vortor u. Fachwerkaufbau. – *Str Im Weiler* abw, vorbei an der *ehem. Ordenskirche St. Johann,* zurück zur *Henkersbrücke.*

• **Landgasthof Pflug** – Idyllische Lage am Ortsrand, nur 20 Gehminuten von der Innenstadt. Denkmalgeschütztes Haus mit besonderem Ambiente. Großzügige Komfortzimmer. Stilvolle Gasträume. Herrlicher Biergarten. Die ideenreiche, gehobene Küche bietet, z. T. aus eigenem Anbau, fantasievoll zubereitete erlesene Genüsse. Wild, Lamm, Geflügel. Täglich wechselnde Fischkarte. Vegetarische Gerichte. Mittl. bis leicht gehobene Preise. – *Ru = Mo* – P.

Landgasthof
Pflug
Biergarten

P wie Perfektion
F wie Frische
L wie ländliche Idylle
U wie Urgemütlich
G wie Genuß

Denkmalgeschützter Landgasthof mit außergewöhnlichem Ambiente durch die Verbindung von Modernem und Altem.

74523 Schwäbisch Hall, Weckriedener Str. 2,
Telefon 07 91/93 12 3-0, Fax 07 91/93 12 3-45

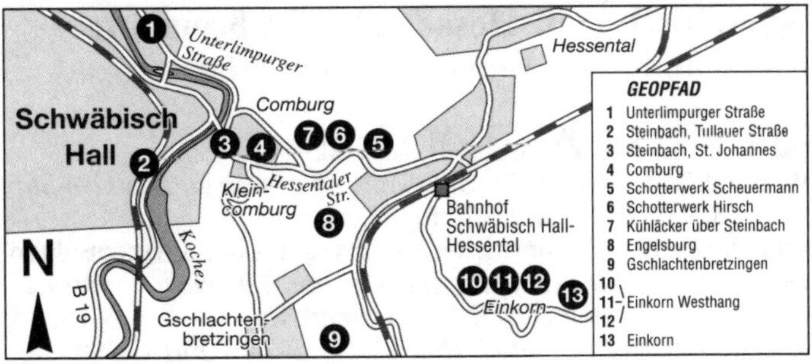

Schwäbisch Hall - Geopfad

Weg und Zeit - 7 km - 2 Stdn - Höhendifferenz 235 m.
Charakteristik - Man durchwandert die Trias-Schichtenfolge vom Mittleren Muschelkalk im *Stadtzentrum* bis hinauf zum Kieselsandstein des Mittleren Keupers auf dem *Einkorn.*
• **Die 13 Stationen des Geopfades** - Sie unterrichten in Wort und Bild sowie mit Objekten über die Schichtenfolge des Muschelkalks und des Keupers, über die Verteilung von Land und Meer in der erdgeschichtlichen Vergangenheit, über versteinerte Reste von Lebewesen aus den Trias-Meeren und schließlich über den Gesteinsbau mit Klüften und Verwerfungen sowie über die Landschaftsgeschichte der *Kocherbucht.*
Die Einstiegstafel „Hohenloher Dreiklang“ (S. 98) vor dem *Hällisch-Fränkischen Museum*, dessen *Geologie-Abteilung* eine gute Ergänzung bietet. Alle Tafeltexte sind von hohem Informationswert. Die *Tafelsockel* bestehen aus dem *Originalgestein.* - **Station 1**, *Unterlimpurger Str. 33* (S. 98), Thematik „Geopfad“. - **Station 2**, *Tullauer Str* in *Steinbach*, „Seeliliengärten in einem Muschelriff“. - **Station 3**, gegenüber der *Kirche St. Johannes* in *Steinbach*, Entstehung des Kalksintergesteins. - **Station 4**, auf der *Comburg* (S. 102), Verwendung des Gesteins, Verwitterungsformen am Sandstein. - **Station 5**, *Steinbruch Scheuermann*, geologische Zeitmessung u. Stratigraphie. - **Station 6**, *Schotterwerk Hirsch*, Lettenkeuper und „Steinbachodus“. - **Station 7**, in den *Kühläckern*, Entstehung des Umlaufbergs der *Comburg* (Blick!). - **Station 8**, *Steinbruch Engelsburg* (S. 102), „Ein Mississippi-Delta in Hohenlohe“. - **Station 9**, *Gschlachtenbretzingen* (S. 102), Rohstoff Gips. - **Station 10**, *Einkornhang* (S. 103), Gipskeuper, Wüste u. Meer. - **Station 11**, *Einkornhang* (S. 103), Entstehung des Schilfsandsteins. - **Station 12**, *Einkornhang* (S. 103), Schichtstufen „Rote Wand“ u. Kieselsandstein. - **Station 13**, auf dem *Einkorn* (S. 103), Landschaft der *Kocher-Stufenrandbucht.* - **Steinsäule**, 3,5 m hoch, „Bohrkern“ mit allen Gesteinsschichten des Lehrpfades.
• **Faltblätter „Geopfad“** beim *Informationsamt.*

Schwäbisch Hall-Hessental – Großcomburg – Kleincomburg – Einkorn – Hessental

Weg und Zeit – 9 km – 2½ Stdn (mit Abstecher zu den *Geo-Stationen 8, 9* u. *13* knapp ½ Std mehr).
Charakteristik – Ein herrlicher Rundweg mit den Glanzpunkten *Großcomburg, Kleincomburg* und *Einkorn.* Ein Weg, der zudem von unvergeßlichen Ausblicken begleitet ist.
Anfahrt – Nach *Schwäbisch Hall* wie S. 96. Von dort L 1060 oder L 1055 nach *Hessental. – Bahnstation.*
Parken – Gäste - P *Hotel Wolf - Restaurant Eisenbahn.*

• **Hessental – Großcomburg** – ½ Std – Vom *Hotel Wolf Karl-Kurz-*
OM *Str OM* am *Bhf.* vorbei. *Eberhard-Heim-Str* re, *[Roter Strich/ HW*
MA *3].* Nächste Str li, später als Anliegerstr abw. Über *Waschbach* u.
OM *Hessentaler Str Großcomburger Weg* aufw, *Allee* li, *OM,* zur

• **Großcomburg** – Ein großartiges Bauwerk in prächtiger Lage auf einem Umlaufberg des *Kochers. Ehem. Grafenburg,* 1079–1488 *Benediktinerkloster,* 1488–1802 adeliges *Chorherrenstift.* Weihe der dreitürmigen *Stiftskirche* 1088. Barockisierung 1707-15. Besonders beachtenswert: *Ringmauer* (um 1560). Dreifacher *Torbau,* der dritte als Sockel der *Michaelskp.* (bald nach 1100). Sechseckige *Erhards-(Staufer-) Kp.* (12. Jh.). *Kirche* (1707–15): Roman. *Antependium.* Roman. *Radleuchter. Hochaltar* (1717) u.a. *Altäre. Kanzel* (1713). *Schenkenkp. Josephskp. Kreuzgang. – Geopfad Station 4* (S. 101).

• **Großcomburg – Kleincomburg – Einkorn** – 1½ Stdn – *Allee* 100 m zurück, Fußweg re abw, *Hessentaler Str* u. *Waschbach* überqueren, *Ww [Fußweg Kleincomburg].* Fußweg aufw, Einmündung in den br *Kleincomburger* Weg zur eindrucksvollen

• **Kleincomburg – Ehem. Klosterkirche St. Ägidius** – Gegr. von *Abt Hartwig,* gestiftet von *Graf Heinrich II. v. Comburg (Rothenburg).* Von 1684–1802 *Kapuzinerniederlassung.* Die um 1120 nach *Hirsauer* Vorbild erbaute *Kirche,* eine flachgedeckte romantische Säulenbasilika, ist nahezu unverändert erhalten geblieben. Im Chorraum roman. Freskenfragmente (erneuert).

• **Der Weiterweg** – Letztes Stück zurück bis zur Linkskurve. Befest. Fußweg ger, *Ww [Michelbach/ Bilz].* Wundervoller Blick! Durch Wald schluchtartig an einem Bächle aufw. Am Waldrand Stange mit *Geopfad-Emblem.* Abstecher li, ca. 150 m durch die rechte der beiden Erdschluchten zu einem imposanten ehem. Steinbruch. *Station 8, Der Lettenkeuperhauptsandstein, „Ein Mississippi-Delta in Hohenlohe".* – Von der Stange südl. **(!)**, beidseitig Wiesen (!), nach *Gschlachtenbretzingen. Blumenstr* ger, re versetzt *Rudolf-Then-Str. Affalteräcker* ger, am *Sportpl* vorbei bis Abzweig *Am Gartennest.* – Abstecher ger, hinterm *Spielpl,* vor **(!)** dem Zaun von Hs. Nr. 2 li zum versteckten *See* im *ehem. Gipsbruch. Station 9, Gipskeuper, Rohstoff Gips, Gipskorrosion.* Zu-

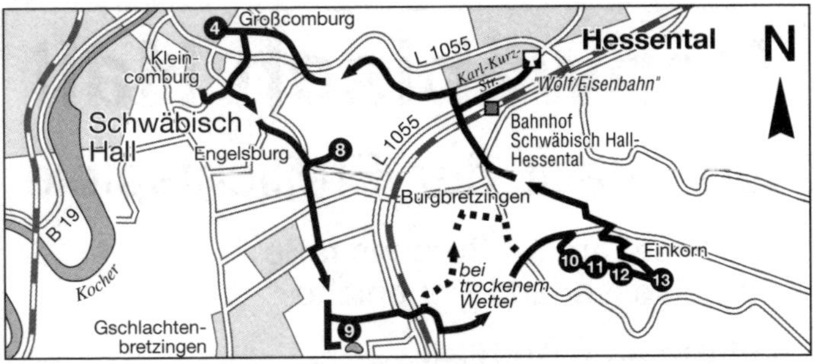

rück zur Ecke *Am Gartennest.* - Re ab zur L 1055, über die Bahn, Rechtsbogen, 1. Straßenabzweig li. *Burgbretzingen. Alte Einkornstr* aufw, *LSG.* Im Wald hinterm *Wbh* befest. Weg scharf re, am Waldrand li stramm aufw. *Station 10 Gipskeuper, Grau, rot, grün - die Keuperfarben. Station 11 Einkorn Westhang, Schilfsandstein, Aus Wasserläufen werden Berge. Station 12 Rote Wand und Kieselsandstein, Salzseen und Schwemmfächer.* Aufw zum Gipfelplateau (510 m). - Abstecher am rechten Rand entlang zur *Station 13 Die Landschaft der Kocherbucht, Das Niedrige wird erhoben.* Daneben 3,5 m hohe Säule mit allen Gesteinsarten des Geopfades. - Ruine einer *Wallfahrtskirche* (um 1700), daneben der *AT Einkorn*, 1827/1892/1959. Traumhaft schöne Rundsicht. Auf den Brüstungen *Panoramatafeln.*

• **Einkorn - Hessental** - ½ Std - Mit *[Rotem Strich]* durch den *Einkornwald* kräftig abw. Waldaustritt. *Einkornallee* bis vor die Bahn. Über die Brücke und wie Herweg zurück zum

• **Hotel Wolf - Restaurant Eisenbahn** - Sehr persönlich geführtes *Flair Hotel.* Behagliche Komfortzimmer. Stilvolle Weinstube. Gepflegte Atmosphäre. Exzellente, mehrfach ausgezeichnete Küche. Leichte Speisen, mit Liebe zum Detail zubereitet. Alle Zutaten frisch vom Markt. Zarte Steaks, Wild, Fisch, Lamm, Geflügel. Überzeugende Gourmet-Menüs, aber auch herzhaft schwäb. Gerichte. Mittl.-leicht gehobene Preise. - *Ru (Rest.) = Mo.* *MA*

Hotel Wolf
Restaurant Eisenbahn
und Weinstube
Ein Haus der guten und gepflegten Gastlichkeit.

FLAIR HOTEL

Besitzer: Familie Josef Wolf
74523 Schwäbisch Hall-Hessental, Karl-Kurz-Str. 2
Telefon 0791/2112 - Telefax 0791/42236

Schwäbisch Hall

Die Stadt der Freilichtspiele

Die Stadt an der Burgenstraße
im Schlösserland Hohenlohe

Historische Altstadt
Großcomburg
mit romanischen Kunstschätzen
Hohenloher Freilandmuseum
mit Gebäuden aus vier Jahrhunderten
Hällisch-Fränkisches Museum
Reichsstadtgeschichte
Freilichtspiele
vom 18. Juni–17. August
Kuchen- und Brunnenfest
Fest der Salzsieder
Backofenfest
im Hohenloher Freilandmuseum
Günstige Pauschalangebote

Touristik-Information
Am Markt 9, 74523 Schwäbisch Hall
Tel. 0791/751-212, Fax 751-375

Schwäbisch Hall – Freilichtspiele

oben: Klein-Comburg, Langhaus und Chor
unten: Comburg bei Schwäbisch Hall

oben: Schwäbisch Hall – Historische Altstadt
unten: Blick auf Burg Krautheim

oben: Klosterkirche Michelfeld-Gnadental
unten: Bühlertal bei Bühlertann

HOHENLOHE

... ein Erlebnis

Die Ferien- und Erholungslandschaft Hohenlohe reizt mit ihren mittelalterlichen Städtchen, den zahlreichen Schlössern und Burgen, Klöstern und Museen zur Aktiverholung inmitten einer abwechslungsreichen Landschaft. Über die Autobahn A 6 (HN – N), A 7 (Ulm – Wü) und A 81 (HN – Wü) ist sie leicht zu erreichen und trotzdem noch ein Geheimtip. Die sprichwörtlich gute Küche, ergänzt

durch den besonderen Hohenloher Wein, belebt den Gast ebenso wie die hochrangigen Kulturveranstaltungen bei den Freilichtspielen in Schwäbisch Hall auf den Treppen St. Michaels oder dem Hohenloher Kultursommer mit seinem Musikangebot in historischen Räumen. Schon der schwäbische Dichter Eduard Mörike nannte Hohenlohe "idyllisch und voller Poesie". Derjenige, der sich die Kunst

bewahrt hat, mit offenen Augen und freien Gemütes zu reisen, der findet in Hohenlohe eine Landschaft vor, die sich neben Ganztagesausflügen und Kurzreisen auch für einen längeren Aufenthalt empfiehlt.

Ob Ferien auf dem Bauernhof, Wandern ohne Gepäck oder ganz einfach nur Ausspannen – Hohenlohe macht's möglich.

Fremdenverkehrsgemeinschaft
Hohenlohe-Franken
Landratsamt
Münzstraße 1
D-74523 Schwäbisch Hall
Tel. 07 91/75 54 46

i

Fremdenverkehrsgemeinschaft
Hohenlohe e. V.
Allee 17
D-74653 Künzelsau
Hohenlohekreis
Tel. 0 79 40/18-2 06

Michelfeld – Ohrntal – Schuppach – vor Neunkirchen – Michelfeld

Weg und Zeit – 19 km – 4 ¾ Stdn.
Charakteristik – Ein schöner Rundweg mit einem kurzen, etwas schwierigen Abschnitt im *Ohrntal.*
Anfahrt – Von der B 14 in *Michelfeld* beim *Ww [Koppelinshof]* und *[Forst]* in die *Bürkhofstr* einbiegen. – An Werktagen ist Busverbindung von und nach *Schwäbisch Hall* vorhanden.
Parken – In Parkbuchten entlang der *Bürkhofstr.*

• **Michelfeld** – Erste urkundliche Erwähnung wahrscheinlich 1188. Zunächst bis Mitte des 15. Jh. im Besitz der *Edlen von Michelfeld,* später zum Benediktinerkloster *Comburg.* Ältestes Gebäude ist die ev. Kirche, deren erster Altar (abgebrochen 1889) bereits 1282 geweiht wurde. Die ev. *Pfarrkirche St. Peter und Paul* birgt im Innern Holzfiguren eines Altars von etwa 1500. Von den 7 Teilorten ist besonders *Gnadental* durch ein ehemaliges Zisterzienserinnenkloster bekannt, das bis 1556 bestand. Von der Klosteranlage ist nur noch wenig zu sehen.

• **Michelfeld – Ohrntal – Schuppach – Forsthaus** – 3 Stdn – Von der *Bürkhofstr* li in die *Mühlstr, [Rotes Kreuz].* Vor dem letzten
MA Haus li **(!)** Wiesenweg bis zum Bach, über 2 Fußgängerbrücken, dann re. Der Weg führt im Linksbogen zum P *Sportplatz.* Die L 1046 überqueren und weiter bis zum Ende der Sportanlagen. Jetzt li einen bewachsenen Waldweg in Ri Wasserreservoir, weiter auf einem Wirtschaftsweg, der z. T. neben der B 14 verläuft, bis zum *Tierheim Biedermann.* Hier die K 2579 überqueren und weiter, bis der Weg auf die B 14 trifft. Auf dieser 50 m nach re, dann re dem markierten Weg folgen. Nach weiteren 150 m an der Gabelung re und steil abwärts ins *Ohrntal.* Knapp 5 km, mal li oder re, mal unmittelbar neben oder auch oberhalb des romantischen Baches diesen begleiten. Zunächst durch Hochwald, dann durch Erlenbruchwald, bevor sich ein schönes Tal öffnet und den Blick freigibt auf *Schuppach.* Der Weg mündet in die K 2579 li, vor den 1. Häusern von *Schuppach* re **(!)**. Der Weg ist weiterhin mit *[Rotem Kreuz]* markiert, verläuft am *Schuppbach* entlang bis zu einem Nebenbach, jetzt re und der *Vogtsklinge* entlang bergauf bis zum Beginn der Klinge. Den markierten Weg verlassen, li den Wiesenweg neben dem Bach aufw bis
OM zum Waldrand, jetzt re auf die K 2579, li und in 10 Min zur

• **Gaststätte „Forsthaus“** – Am Waldrand gelegen. Die rustikalen Gasträume sind mit Jagdtrophäen ausgeschmückt. Eine reichhaltige Speisekarte bietet neben Tagesessen und Vesper besonders Wildspezialitäten an. Bier vom Faß und offene Weine gehören zum Angebot. Großer Parkplatz am Haus. Mittleres Preisniveau. – *Ru = Di.*

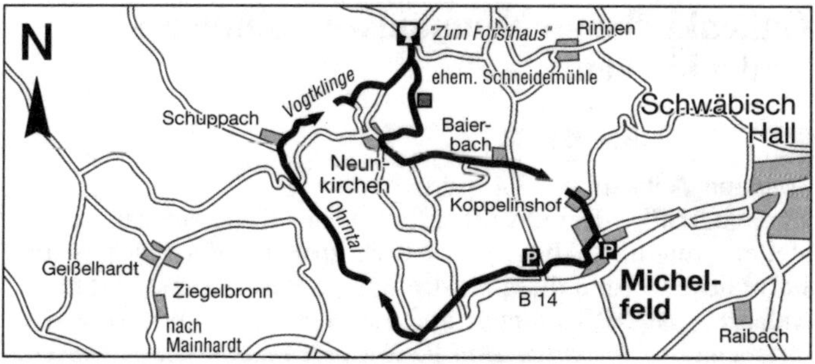

• **Forsthaus - Michelfeld** - 1¾ Stdn - 300 m auf K 2579 in Richtung *Neunkirchen*, li in den Waldweg, bei Gabelung re, ger über den Querweg. Beim Waldaustritt weiter auf Asphaltsträßchen, an der ehemaligen *Schneidermühle* vorbei. Weiter geht es über einen Wiesenweg an einem Graben entlang zu dem gegenüberliegenden Waldrand. Jetzt re und vor Ortsbeginn *Neunkirchen* mündet der Weg wieder in den markierten Weg *[Rotes Kreuz]*. Li bis Gabelung, wieder li und auf gut markiertem Schotterweg bis zum *Baierbacher Hof*. Die L 1046 überqueren, *Ww [Koppe-* *MA*
linshof] und *[Forst]* folgen bis *Koppelinshof*. Nach Ortsende bis Gabelung re auf Fußweg neben der Str nach *Michelfeld*.

GASTSTÄTTE
„Forsthaus"

Traditionsreiche Landgaststätte.
Gute schwäbische Küche und Wildspezialitäten aus eigenem Forst können Sie bei uns in gemütlichen Räumlichkeiten genießen.
Faßbiere und gepflegte Württemberger Weine. Wildgehege und großer Parkplatz.

74545 Michelfeld, Tel: 0 79 49/5 06

Gemeinde Michelfeld
Kreis Schwäbisch Hall

Die Gemeinde Michelfeld lädt ein.

Wanderern und Feriengästen bieten wir zu allen Jahreszeiten einen erholsamen Aufenthalt, eine abwechslungsreiche Landschaft mit dem reizvollen Biberstal, umgeben von bewaldeten Hochflächen. Dort kann man wirklich der Alltagshetze entfliehen und die Schönheit der Natur neu entdecken.
Kunst und Geschichtsfreunde werden an den Resten des ehemaligen Klosters in Gnadental ebenso ihre Freude haben, wie an den Kunstschätzen der über 700 Jahre alten Dorfkirche in Michelfeld.

Auskunft und Informationen beim Bürgermeisteramt Michelfeld, Haller Straße 35, 74545 Michelfeld, Tel. 07 91/9 70 71-0.

Gailenkirchen - Neumühlsee - Rinnen - Gailenkirchen

Weg und Zeit - 16 km - 4 Stdn.
Charakteristik - Ein abwechslungsreicher Rundweg mit kurzen, steilen Auf- und Abstiegen. Durch großartige Aussichten und Fernblicke werden diese Anstrengungen aber reich belohnt.
Anfahrt - Aus Ri *Stuttgart* auf der B 14 kommend, kurz nach Ortsbeginn *Schwäbisch Hall* li, *Ww [Freilandmuseum Wackertshofen]* und *[Gailenkirchen]*. - Von der A 6, Ausfahrt *Kupferzell*, B 19 Ri *Schwäbisch Hall* bis *Steigenhaus,* re Kreisstr nach *Wittinghausen* und *Gailenkirchen.* - Von und nach *Schwäbisch Hall* gute Busverbindungen.
Parken - Beim *Gasthof Schöne Aussicht.*

• **Gailenkirchen** - Teilort von *Schwäbisch Hall* am Fuße des *Mainhardter Waldes,* im Ortsteil *Wackertshofen* befindet sich das *Hohenloher Freilandmuseum.*

• **Gailenkirchen - Neumühlsee** - 1¾ Stdn - Von der *Schönen Aussicht* li in die *Moorstr,* wieder li in die *Beilsteinstr,* li bis zur
MA Bahnlinie, *Ww [Albvereinshütte], [Blauer Punkt]* li bis zum Bahnübergang, re, *Ww [Waldenburg 7 km].* Nach 100 m li, dem asphaltierten Weg folgen, an der Schutzhütte des Albvereins und an dem Wbh vorbei. Von hier hat man eine herrliche Aussicht auf *Gailenkirchen* und weit in die *Hohenloher Ebene* hinein. In einem weiten Linksbogen trifft der Weg jetzt auf den Wanderweg *Schwäbisch Hall-Waldenburg,* Markierung ebenfalls *[Blauer Punkt].* Nun re, der Weg verläuft aufw durch einen schönen Buchenwald, zunächst re, dann halbli dem Trampelpfad **(!)** bis auf die Höhe folgen. Auf der Höhe re, an der Hangkante entlang, beim Querweg re bis zum *Kreuzstein.* Hier trifft man auf den Radweg nach *Waldenburg.* Li nach 50 m bei Gabelung re. Nach ca. 500 m im Scheitelpunkt der Li-Kurve den Radweg verlassen und scharf re **(!)** dem steilen Weg aufw folgen. Über den Querweg halbre bis zum Waldende. 50 m die Kreisstr in Ri *Goldbach,* scharf li auf dem Asphaltweg neben dem Wiesenbach bis zum *Neumühlsee.*

• **Neumühlsee** - Das Naturfreibad lädt zu einer Rast und bei entsprechender Witterung auch zum Baden ein. Eine große Liegewiese, ein Kinderspielplatz, rustikale Sitzgelegenheiten direkt am See, Umkleidekabinen, ein Kiosk und ein Grillplatz laden zum längeren Verweilen ein.

• **Neumühlsee - Rinnen - Gailenkirchen** - 2¼ Stdn - Am Ende
MA des Sees Ri Parkplatz am Schützenhaus vorbei, Markierung
OM *[35], [36], [37],* den Weg entlang der *Bibers* bis zur Querstr. Jetzt re bis zum Waldrand, li dem asphaltierten Weg folgen, zunächst li über den Bach, re am Stausee entlang. Am Ende des Sees er-

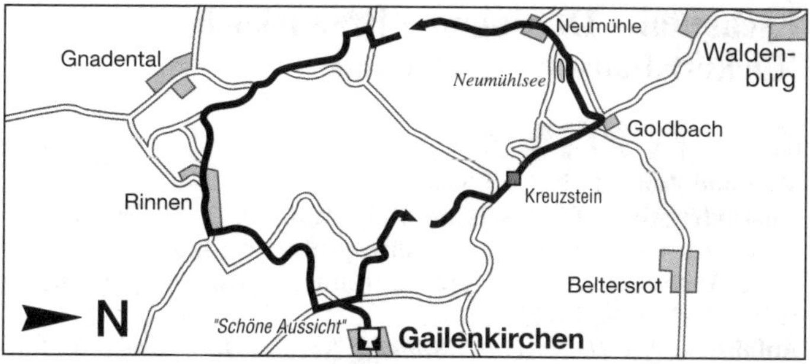

reicht man den mit *[Blauem Strich]* den markierten Wanderweg *MA*
von *Obersteinbach* nach *Rinnen.* Der Wanderweg verläuft nun ein kurzes Stück an der Str entlang. Bei der 1. Gabelung li, bei der nächsten re, *Ww [Rinnen 1,5 km].* Nach ca. 500 m in leichter Linkskurve das Sträßchen li verlassen (auf Markierung achten!), zunächst durch eine Klinge und dann auf einem Feldweg zum Ortsrand von *Rinnen.* Die *Lerchenstr* li bis zur *Schönblickstr* li und auf dieser bis zum Ortsende. Vor dem letzten Haus li **(!)**, Markierung *[Blauer Punkt],* bis zum Waldrand. Am ND *mehr-* *MW*
stämmige Buche halbre vorbei, den Radweg und Querweg ger überqueren und *Ww [Gailenkirchen 2 km]* folgen. In Serpentinen geht es steil abw bis zum Querweg, li, bei der Gabelung re und weiter aus dem Wald heraus. Der Weg führt direkt zu einem Bahnübergang, vor diesem li bis zu jenem, der am Beginn des Rundwegs überquert wurde. Von hier zurück zum Ausgangspunkt.

• **Gasthof-Metzgerei Schöne Aussicht** - In Ortsmitte gelegen. Behagliche Gästezimmer mit Dusche/WC, Telefon und TV. Freundliche Gasträume, gutbürgerliche Küche, eigene Metzgerei. Schwäbische Vesper und Spezialitäten, Tageskarte. Bier vom Faß. Kegelbahnen. Mittleres Preisniveau. Parkmöglichkeit am Hause. - *Ru = Mo und So ab 18.00 Uhr.*

Gasthof und Metzgerei

Schöne Aussicht

◆ Eigene Schlachtung
◆ Durchgehend warme Küche
◆ Gepflegte Württ. Weine und Pils vom Faß
◆ Moderne Gästezimmer mit Dusche,WC
◆ Kegelbahnen

Familie Klenk, Hohenloherstr. 14
74523 Schwäbisch Hall-Gailenkirchen. Tel: 07 91/82 96
Ruhetag Montag und Sonntag ab 18.00 Uhr

Eschental - Döttingen - Braunsbach - Rückertshausen - Eschental

Weg und Zeit - 12 km - 3 Stdn.
Charakteristik - Eine schöne Rundwanderung durchs romantische *Eschenbachtal* mit teilweise größeren Steigungen. Herrliche Ausblicke ins *Kochertal* und auf die *Waldenburger Berge.* Ruhige schattige Waldwege.
Anfahrt - A 6 *Heilbronn-Nürnberg*, Abfahrt *Kupferzell*, B 19 Ri *Schwäbisch Hall* bis Abzweigung K 2364 nach *Eschental.*
Parken - Gäste-P beim *Landgasthof Krone.*

• **Eschental - Döttingen - Braunsbach** - 1¾ Stdn - Von der *„Krone"* Str abw, nach der Kirche re in die *Talstraße*, an der Gabelung re, dann Str bis *Pumpwerk*, re vorbei und kurz danach halbli abw zum *Eschentaler Bach.* Fußweg mal re, mal li des Bachs. Dreimal überqueren *(Furt)*, danach Weg re aufw bis Waldaustritt. Unterhalb des Waldrandes ger bis Fahrstr, die nach *Döttingen* hinunter führt. Die hübsche Gemeinde liegt am
MA *Kocher.* An der Kirche re über den Bach und aufw mit Markierung *[Blauer Strich]* auf den Höhenweg. Schöner Weitblick ins *Kochertal* und auf das schön gelegene *Braunsbach.* Malerisch wird der Ort von Schloß und Kirche überragt. Gegen Süden ist die gigantische *Autobahnbrücke* übers *Kochertal* zu erkennen. Ein Bauwerk von enormem Ausmaß. Länge 1128 m, Höhe
MW 185 m. An der *Kocherbrücke* in *Braunsbach* li ab, *[Roter Strich],* ger bis zur *Döttinger Straße.* Re, durch den Torturm und ger bis zur Einmündung in die L 1036. Nun li und nach 50 m zum einladenden

• **Gasthof-Metzgerei „Zum Löwen"** - Zentrale Lage. Gemütliches, ländliches, rustikales Gasthaus. Komfortable, stilvolle Gästezimmer. Liftanlage. Den Gast empfängt eine angenehm wohltuende, gepflegte familiäre Atmosphäre. Eine gutbürgerliche Küche bietet Leckerbissen aus eigener Schlachtung, u. a. auch schwäbische Spezialitäten, Tageskarte, Vesper. Bier vom Faß und offene Weine. Mittleres Preisniveau. - Parkplatzmöglichkeiten am Haus - *Ru = Di.*

• **Braunsbach - Rückertshausen - Eschental** - 1¼ Stdn - Vom *„Löwen"* wie Herweg zurück bis zur *Kocherbrücke*, ca. 600 m die K 2560 aufw. An der Ruhebank scharf li aufw, zum asphaltierten Weg. Überqueren und ger steil hoch zur Str K 2560. Kurz li aufw und gleich wieder re. Br Forstweg ger bis Rechtskehre. Nach ca. 30 m halbli Waldweg ger aufw nach *Rückertshausen* (schmuckes Bauerndorf). An der Bushaltestelle re, auf der K 2561 nach *Braunoldswiesen.* Herrlicher Blick auf die *Waldenburger Berge.* Am Ortsende 200 m ger abw, dann re Feldweg bis zum Wald. Abw durchs *Totensteigle.* Romantische Klinge! Nach ca. 600 m

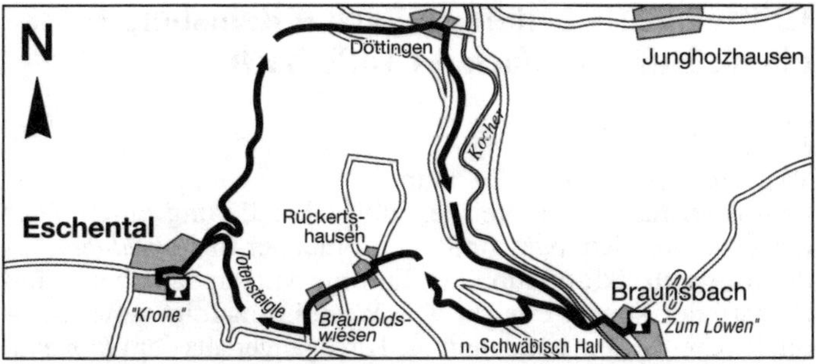

Bach (Furt) überqueren und ger bis befestigter Weg erreicht wird. Nun li bis Waldaustritt und die *Talstraße* hinauf. Bei der Kirche li und zur Einkehr im

- **Landgasthof Krone** - Schöne, sehr ruhige zentrale Lage. Behagliche Komfortzimmer mit Tel, TV, Minibar. Liftanlage. Gemütliche, ländliche Gasträume. Terrasse. Angenehme, gepflegte, familiäre Atmosphäre. Gutbürgerliche, kreative Küche lädt mit ihren Köstlichkeiten zum Schlemmen ein. Hausspezialitäten, Vesper. Bier vom Faß, offene Weine, Flaschenweine. Mittleres Preisniveau. - *Ru = Di.*

Wo die Gastlichkeit zu Hause ist

Zum Löwen

GASTHOF UND METZGEREI

74542 Braunsbach, Marktplatz 4,
Tel. 0 79 06/9 105-0, Fax 91 05-30, Ruhetag Dienstag

Landgasthof Krone

Herzlich willkommen bei den Familien
Knapp und Bauer in Eschental.
Gastlichkeit schon seit Generationen.

74635 Eschental, Hauptstr. 40, Tel. 07944/670, Fax 6767

Cröffelbach – Unterscheffach – Reinsberg – ehem. Burg Hopfach – Cröffelbach

Weg und Zeit – 8 ½ km – 2 ½ Stdn.

Charakteristik – Genußreiche, ruhige Wanderung durch eines der typischen tiefeingeschnittenen Flußtäler in *Hohenlohe.* Aus der Muschelkalkformation der Talsohle wird an den oberen Talrändern der Keuper erreicht. Die Wegführung folgt zum Teil alten Kirchenwegen, auf denen die Kirchgänger aus dem *Bühlertal* zu den Gottesdiensten in der ev. Pfarrkirche im ca. 140 m höher gelegenen *Reinsberg* kamen. Im frühen Mittelalter war das Tal auf beiden Seiten von Burgen gesäumt. Bis auf wenige Reste sind sie heute verschwunden. Am Wege liegt ein gotisches Kirchlein in *Cröffelbach* und eine romanische Kapelle in *Unterscheffach.* Nach Rücksprache mit den Mesnerinnen können sie besichtigt werden (für *Cröffelbach* Fr. Wieland (07906) 8680, für *Unterscheffach* Fr. Maurer (07804) 2698).

Anfahrt – Autobahn A 6, Ausfahrt *Ilshofen/Wolpertshausen*, dann in Ri *Schwäbisch Hall* auf der B 14, knapp 4 km. – Von *Schwäbisch Hall* auf der B 14 Ri *Crailsheim*, 10 km. – Mit dem Bus: Linie *Schwäbisch Hall – Rothenburg o. T.* der Regional Bus Stuttgart, Auskunft (07951) 9394-0. So keine Busverbindungen.

Parken – Gr Gäste-P beim *Hotel-Gasthof Ochsen* oder beiderseits der Bundesstraße.

• **Cröffelbach – Bühlertal – Unterscheffach** – 1 Std – Vom *Gasthof Ochsen* zur Brücke der B 14 über die *Bühler*, nach der Brücke
MA li. *Ww mit Markierung [Roter Punkt]*, Richtung *Vellberg.* Der Weg verläuft auf halber Höhe des westlichen Talhangs, meist im Wald, entlang der *Bühler.* – Ein Abstecher zur Ruine *Bielriet*, auf Bergnase südwestlich *Cröffelbachs* gelegen, ist möglich. Zeitbe-
OM darf ¾ Std. Dazu nach 500 m ab Ort markierten Weg verlassen, nach Wegegabel re aufw, auf anfangs verwachsenem Weg ansteigend. Am oberen Talrand im spitzen Winkel re im Wald zur *Ruine Bielriet.* Zurück zum Weg. – Auf der Fahrstraße *Unter-*
OM *scheffach–Otterbach* Markierung verlassen und über die *Bühler* nach *Unterscheffach.* Re zur Dorflinde (ND). Am Ortsausgang li romanische Kapelle.

• **Unterscheffach – Reinsberg – Cröffelbach** – 1 ½ Stdn – *Lindenstr* aufw. Auf kl Brücke über den Seitenbach der *Bühler*, im Hohlweg aufw zur Fahrstraße nach *Reinsberg.* Str überqueren und li ansteigend auf Waldweg bis Waldwiese. Dort am Waldrand re halten. Über freies Feld auf Teerstr nach *Reinsberg.* Im Ort li zum Ortsausgang. Am Friedhof rechtwinklig nach li (Westen) und auf schmaler Teerstr zum Ostrand des *Bühlertals.* Schöne Aussicht auf *Limpurger Berge* li mit *Einkorn* und *Waldenburger Berge* (halbre). Ger die Rotoren zweier Windräder

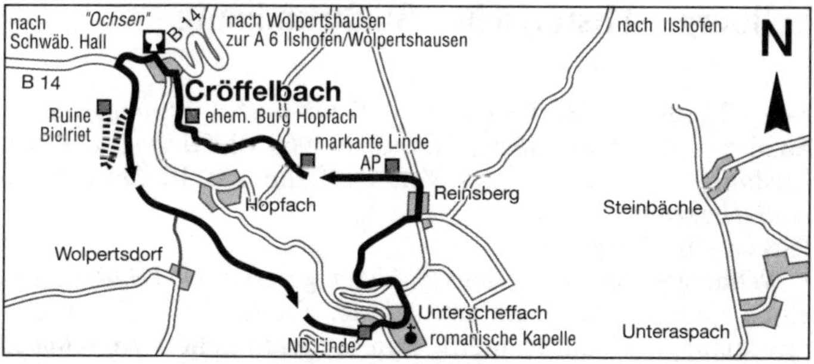

jenseits des *Bühlertals* bei *Veinau.* Am Talrand re imposante Linde (ND), 50 m unterhalb der Linde Weggabelung. Re **(!)** auf Teerstr 150 m aufw, dann li **(!)** auf unbefestigten Weg einbiegen. Durch lichten Mischwald sanft bergab. Nach 600 m Abstecher auf Steig halbre (5 Min) zur ehem. *Burg Hopfach.* Wieder zurück zum Weg und auf Waldwegen abw nach *Cröffelbach.*

- **Ehem. Burg Hopfach** - Die Burg ist nahezu völlig zerstört. Ihre imposanten Grabenanlagen lohnen einen Abstecher.
- **Hotel-Gasthof Ochsen** - Traditionsgasthof in Fachwerkbau mit neu erbautem Schulungs- und Festzentrum. Behagliche und ruhige Fremdenzimmer. Vielseitige, gutbürgerliche und ideenreiche Küche. Gepflegte Biere vom Faß, alles zu mittleren Preisen. Ein Haus, in dem man sich einfach wohlfühlt. Auch gut geeignet als Standort für einen längeren Wanderurlaub. - *Ru = Mo.*
- **Weitere Wandermöglichkeit** - Mit Markierung *[Roter Punkt] bühlerabw* nach *Geislingen.* Hier mündet die *Bühler* in den *Kocher.* *MA* Ausblick auf die höchste Autobahnbrücke *Europas* (185 m hoch, 1200 m lang). Für den technisch interessierten Wanderer empfiehlt sich das *Brückenmuseum* - (Info: Frau Horch, Tel. 0 79 06/14 80). Der Wanderweg führt an ursprünglichen Heckenrainen vorbei, die ein wahres Paradies für Vögel sind (4 km).

Hotel - Gasthof Ochsen GmbH

Im traditionsreichen Gasthof von anno 1085 genießen und entspannen.

74549 Cröffelbach, Hauptstr. 4,
Tel: 0 79 06/93 0-0, Fax 9 30-2 00

Vellberg – Historischer Stadtrundgang

Zeit – 2 Stdn mit *Stöckenburg* und *Natur- und Heimatmuseum.*
Anfahrt – Von *Schwäbisch Hall* auf L 1060 Ri *Ellwangen.* – A 6 Ausfahrt *Kirchberg/Jagst.* – Mit der Bahn aus Ri *Schwäbisch Hall-Hessental.*
Parken – Im Burggraben.

• **Vellberg** – Hoch über dem *Bühlertal* gelegen, ist *Vellberg* zum einen ein reizvolles, stark ummauertes altertümliches Städtchen mit knapp 4000 Einwohnern. Zum anderen gehört zu *Vellberg* mit dem Pfarrweiler *Stöckenburg* jenseits der *Bühler* ein kunsthistorisches Kleinod ersten Ranges. Das Städtchen selbst ist ein gewachsenes städtebauliches Ensemble mit prachtvollen, liebevoll restaurierten Bürgerhäusern und Amtsgebäuden.

• **Vellberg und seine Geschichte** – Die *Stöckenburg* wurde bereits im 5. Jh. als *merowingischer Königshof* gegründet mit einer *Kirche zum Hl. Martin*, die 741 dem *Bistum Würzburg* übereignet wurde. Der Chor der heutigen Kirche stammt von 1435, das Kirchenschiff und der Turm von 1560. Die *„Herren von Vellberg"* wurden 1102 erstmals urkundlich erwähnt. Sie haben die Befestigungsanlagen ausgebaut. 1523 wurde die Festung dann zum Renaissanceschloß mit charakteristischem Treppengiebel umgestaltet. 1592 wurde die Herrschaft *Vellberg* an die Reichsstadt *(Schwäbisch) Hall* verkauft. Marktrecht seit 1500.

• **Rundgang – 1) Der Stadttorturm** gibt die einzige Zufahrt ins Stadtinnere frei. Auch Eingang zum unterirdischen Wehrgang (1466-89). Im Wehrgang li (Burgverlies) bis südlicher runder Wehrturm. **2) Heimatmuseum**. Durch den **3) großen Burggraben** zurück. Über Treppen in die Stadt beim **4) viereckigen Wehrturm** und zurück über den unterirdischen Wehrgang zum Stadttor oder beim **5) nördl. runden Wehrturm. 6) Zehntscheuer** (abgebrannt). **7) Amtshaus** (prachtvoller Eichenfachwerkbau). **8) Stadtbrunnen** (1720), wird am Weinbrunnenfest aktiviert. **9) Schloß mit Kapelle. 10) Bastion**, Burghof mit Kasematten befestigt. Li abw zum **11) Geschützturm** mit unterem *Zwingertor.* Abstecher auf die
MA Plattform des Geschützturms, vor *Zwingertor* li. Am Zwinger Weg zur *Stöckenburg* aufnehmen. Mit *[Rotem Kreuz]* bis Brücke über die *Bühler*, dann ger ansteigend zur **12) Stöckenburg**, heute ev. Pfarrkirche mit Sandsteinkruzifix, Hochaltar, Herrschaftsloge, Decken- und Wandbemalungen, zahlreichen Grabdenkmälern (Schlüssel beim Pfarramt gegenüber. Tel. 07907/2121). Über **13) Pömpelestor** wieder zurück.

• **Kultur** – *Natur- und Heimatmuseum* – Stadtgeschichte von der Mittelsteinzeit bis zum 19. Jh. (Stadtmodell), Funde und Sammlungen aus der Umgebung, Fossilien und Möbel. – *ÖZ April–Oktober So und an Feiertagen 14.30–16.30 Uhr, sonst im Rahmen einer Stadtführung.* Alljährlich Anfang Juli *„Weinbrun-*

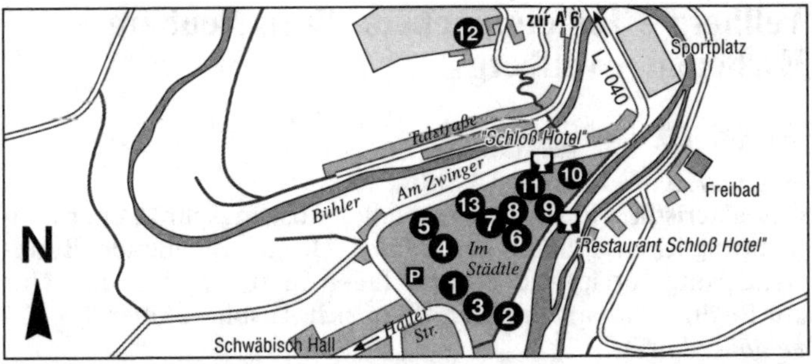

nenfest" mit buntem Treiben der „Edelleute" und „Landsknechte", Stadtbeleuchtung und Feuerwerk. Am 2. Dezemberwochenende *Weihnachtsmarkt.*

• **Hotel Schloß Vellberg** – Die Räumlichkeiten des Hotels befinden sich in 7 hist. Gebäuden innerhalb vom „Städtle". In historischen Gasträumen und im stilvollen Rittersaal finden nicht nur Hochzeitsgesellschaften den richtigen Rahmen, auch der Wanderer ist willkommen. Wer das Besondere sucht, kann in einem der Stadttürme übernachten. Die kreative, gehobene Küche bietet Tagesgerichte, Gourmet-Menüs, Wild, Lamm und Fisch, aber auch Vesper. Mittlere bis gehobene Preise. – *Kein Ru.*

HOTEL SCHLOSS VELLBERG

Gemütlichkeit und Wohlbehagen erleben Sie bei uns in historischen Räumen mit bewegter Geschichte.

74541 Vellberg, Im Städtle 31, Tel 07907/876-0, Fax 07907/876-58

Vellberg

Mittelalterliche Trutzfeste im Hohenloher Land

Staatlich anerkannter Erholungsort im Naturschutzgebiet Bühlertal. Sehenswerte Stadtmauern, Tore, Türme und Bastionen, Schloß mit Kapelle, Stöckenburgkirche, Torturm, prächtige Fachwerkbauten, Natur- und Heimatmuseum, Mineralfreibad mit Minigolf, Tennis, Kegeln und Wanderwege.

Weinbrunnenfest - 1. Juli-Wochenende
Weihnachtsmarkt - 2. Dezember-Wochenende.

Info: Stadtverwaltung, 74541 Vellberg, Im Städtle 1, Telefon 0 79 07/8 77-0

Vellberg - Talheim - ehem. Burg Neuberg - Eschenau - Vellberg

Weg und Zeit - 10 km - 2 ½ Stdn.
Charakteristik - Besonders reizvoller Ausgangspunkt über dem ursprünglichen Flußtal der *Bühler.* Die anschließende Rundwanderung verläuft zu großen Teilen in stillen Wäldern. Nur am Beginn und am Ende eröffnen sich Ausblicke über das *Hohenloher Land.*
Anfahrt - Von *Schwäbisch Hall* auf L 1060 Ri *Ellwangen.* - A 6 Ausfahrt *Kirchberg/Jagst.* - Mit der Bahn aus Ri *Schwäbisch Hall–Hessental.*
Parken - Gäste-P beim *Landgasthof Schwanen* oder im Burggraben vor der Altstadt.

- **Vellberg** - Mittelalterliche Trutzveste hoch über dem *Bühlertal.* Interessanter Rundgang s. S. 118.
- **Landgasthof Schwanen** - Vor dem Stadttor gelegener Gasthof mit behaglichen Gästezimmern. In den gemütlichen Gasträumen werden gutbürgerliche schwäbische Speisen, Wild und Lamm, Tagesgerichte und Vesper serviert. Auch Kinder- und Seniorenteller. Bier vom Faß, offene Weine. Im Sommer auch Terrassenbewirtschaftung. Untere bis mittlere Preise. - *Ru = Mi.*
- **Vellberg - Talheim - ehem. Burg Neuberg - Eschenau** - 2 Stdn

MA - Am Gäste-P *„Schwanen“* mit Markierung *[Rotes Kreuz]* Ri *Burgberg.* Durch das Stadttor und über Treppen steil ins *Bühlertal* hinab. Fluß überqueren. (Hier Abstecher zur *Stöckenburg* möglich, ½ Std, s. a. Rundgang S. 118.) *Bühler* ca. 200 m entlang, dann auf Fahrstr nach *Talheim.* Re durch *Schmiedsgäßle* und *Brunnenstr* Ort verlassen und durch ein schönes Wiesental bis zum Gehöft *Hilpert* im Talschluß. Hier Ri zunächst beibehalten (Markierung verlassen) und dem befestigten Weg ca. 600 m weit durch scharfe
OM Kehre folgen. Am Scheitelpunkt einer langgezogenen Linkskurve li aufw, Markierung *[Schnecke],* zur ehem. *Burg Neuberg.* Die Burg
MA ist heute vollständig abgetragen. Ihr Standort läßt sich nur noch aus den ehem. Burgwällen erahnen. Am alten Burgplatz steht heute ein land- und forstwirtschaftlich genutztes Anwesen. Nach Osten auf Fahrweg am Rande der Lichtung, vorbei an Waldhütte, Markierung verlassen und ger bis zur Verbindungsstr *Großaltdorf*
OM *-Steinehaig.* Dort re auf Str leicht ansteigend ca. 600 m, dann re bei *Hint. Kohlsteig* (Gewannbezeichnung) in befestigten Waldweg
MA einbiegen. Durch Hochwald, unvollständige Markierung *[Reh]* bis Waldrand. Auf freiem Feld kl Teerstr folgen, ger. Schöne Aussicht re auf die *Hohenloher Ebene* und die *Waldenburger Berge.* Ger ins *Bühler-* und *Fischachtal.* An Waldecke **(!)** scharf li bis zur Fahrstr
OM *Vellberg–Gründelhardt.* Re zum Ortsbeginn *Eschenau,* hier re die *Alte Steige* abw und re zum

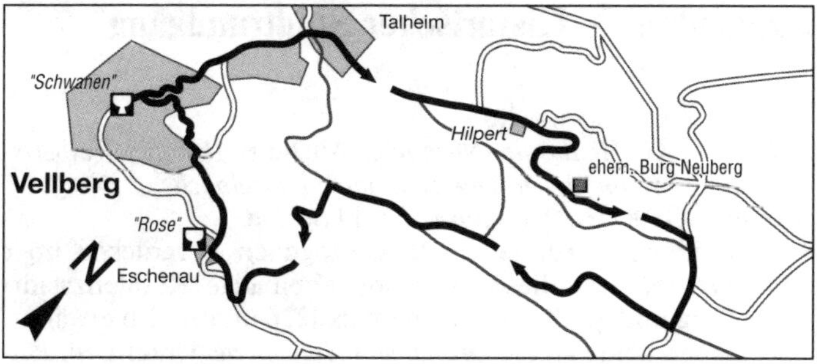

• **Restaurant „Rose"** – Das Restaurant mit der besonderen Küche. Hier werden Teigwaren, Marmeladen und Brände selbst hergestellt und Wildfrüchte selbst gesammelt. Kreative und naturnahe Weiterverarbeitung. Umfangreiche, wechselnde Speisekarte vom Vollwertgericht über Fleisch- und Fischspezialitäten. Auch Feinschmecker-Menüs. Für Kinder ½ Portionen möglich. – *Ru = Mo und Di bis 17.30 Uhr.*

• **Eschenau – Vellberg** – ½ Std – Vor der *Bühlerbrücke* re zum *Dürrschingring.* Hier li und 1. Gehweg re hinab zum Talgrund der *Bühler.* Li und über einen Fußgängersteg Fluß überqueren. Anschließend über Steintreppen hinauf zurück zum Ausgangspunkt.

Landgasthof
Schwanen

Inh: Götz Häussermann
Eschenauer Straße 2
74541 Vellberg

Telefon 0 79 07/12 41
Telefax 0 79 07/70 03

Großzügiger Gastraum
in gemütlicher Atmosphäre

Restaurant
„Rose"

Hier läuft die Ware nicht vom Band.
Hier schafft man noch mit Herz und Hand.
Auf einen Besuch freut sich Familie Andruschkewitsch

74541 Vellberg-Eschenau, Tel. 0 79 07/22 94

Langenburg – Historischer Stadtrundgang

Weg und Zeit – Etwa ¾ Std.
Anfahrt – A 6 *Heilbronn–Nürnberg,* Ausfahrt *Ilshofen-Wolpertshausen,* über *Hörlebach, Obersteinbach, Nesselbach.*
Parken – Gr 🅿 vor *Automuseum* und *Schloß.*

• **Langenburg** – Auf einem langgezogenen Bergrücken über dem *Jagsttal* liegt dieses reizende ehemalige Residenzstädtchen. Burg und Stadt werden erstmals 1226 urkundlich erwähnt. 1235 kamen beide an die *Grafen von Hohenlohe.* Unter *Graf Philip Ernst von Hohenlohe-Langenburg* (1584–1628) Ausbau des Schlosses zur Residenz. Seit 1976 ist *Langenburg* offiziell anerkannter Luftkurort.

• **Café Bauer** – In diesem stilvollen Café kann der Gast auf der gr Terrasse oder in den schönen Caféräumen herrliche Torten, Kuchen und Eisspezialitäten schlemmen und den einzigartigen Blick ins *Jagsttal* genießen. Seit über 200 Jahren gibt es hier die *Echten Langenburger Wibele,* eine wohlschmeckende Dessertspezialität aus kleinem Biskuitgebäck. Mittlere Preise. – *Kein Ru.*

• **Der Rundgang** – *Stadttor, Hauptstr* bis vor das *Schloß,* nördliche Stadtmauer, *Hintere Gasse* und zurück auf die *Hauptstr.* Die wichtigsten Sehenswürdigkeiten wie aus dem amtlichen Führer ersichtlich. **1) Stadttor** mit Rundturm. Über dem Torbogen außen die Jahreszahl 1620. Das Obergeschoß aus Fachwerk, 1. Hälfte des 18. Jh. **2) Stadtpfarrkirche**, ev. Stadtkirche, 1499 als *Heilig-Blut-Kapelle* von *Kraft VI. von Hohenlohe* (1475–1503) gestiftet, mit der Reformation 1553 zur Pfarrkirche erhoben. Originalfenster von 1499 im Ostchor erhalten. Aus dem 17. Jh. stammt die steinerne Kanzel, aus dem 18. Jh. die *Fürstenlaube* und das Gehäuse der Orgel. Neue farbige Glasgemälde im Chor und die jetzige Orgel stammen aus der Renovierung von 1906. **3) Rathaus**, erbaut vor 1600. Geburtshaus des Dichters und Philosophen *Carl-Julius Weber* (1767–1819). **4) Das heutige Pfarrhaus** war früher Dekanat, 1909 erbaut. Das alte Dekanat war ein schönes Fachwerkhaus von 1502. Hier lebte von 1891–1906 die Dekansfrau *Agnes Günter,* die Verfasserin des weltbekannten Romans *Die Heilige und ihr Narr.* An das Wirken von *Agnes Günter* als Wegbereiterin des Fremdenverkehrs in *Langenburg* erinnert eine Gedenktafel am Dekanatsgebäude. **5) Beamten-, Hofstaat- und Bürgerhäuser.** Gegenüber vom Rathaus eines der ältesten Häuser Langenburgs, früher das *Gasthaus Stern,* das sich seit dem 18. Jh. auf der anderen Straßenseite befindet. **6) Hofratshaus,** heute Sitz des *Hohenloher Kunstvereins.* **7) Stadtmauer,** noch gut erhalten, erbaut Anfang des 17. Jh. von *Graf Philip Ernst.* **8) Altes Rathaus – Carl-Julius-Weber-Haus,** in der *Hinteren Gasse,* diente 1541–1650 als Rathaus. Heute beherbergt

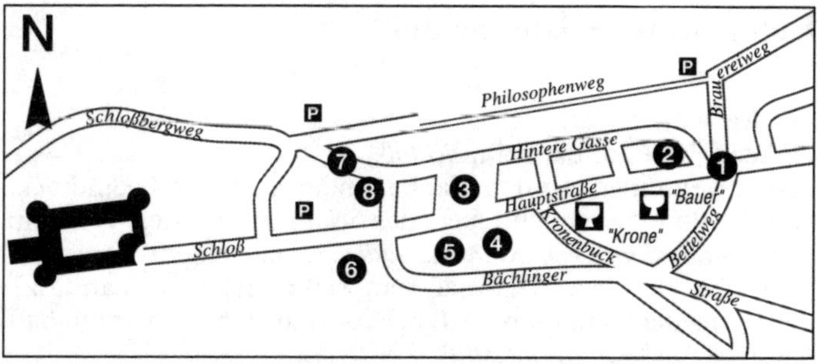

es das *Natur-Heimat-Museum* des *Vereins Heimatvogelschutz.* Im Untergeschoß der *Philosophenkeller,* ein alter fürstlicher Weinkeller, der heute als städtischer Versammlungsraum dient.

- **Landgasthof Krone** - Ein sehr gepflegtes Panorama-Restaurant mit stilvollen Gasträumen und wunderschöner Aussichtsterrasse. Die kreative Küche verwöhnt auch den anspruchsvollsten Gaumen mit einheimischen und internationalen Spezialitäten, ganz besonders leckeren Wildgerichten und sehr fein zubereiteten Fischvariationen. Behagliche Komfortzimmer. Mittlere Preise. - *Ru = Di.*

Konditorei Café Bauer

Das Café mit der großen Tradition
und dem herrlichen Jagsttalblick.
Genießen Sie unsere erstklassigen
Konditoreispezialitäten

Heimat der Echten Langenburger Wibele – gegründet 1763
Hauptstraße 28 · 74595 Langenburg · Tel. 07905/363

DIE GUTE STUBE LANGENBURGS
KRONE
LANDGASTHOF
Inh. P. Baumann
Genießen Sie Stil, Behaglichkeit und Atmosphäre.

74595 Langenburg, Hauptstr. 24,
Tel. 0 79 05/55 39, Fax 54 25, Ruhetag Dienstag

Langenburg - Das Schloß

Anfahrt - wie S. 122.
Parken - Gr [P] direkt beim *Schloß.*
Schon wenn man aus dem Tal her anfährt, ist man beeindruckt von der dominierenden Lange des *Schlosses*, flankiert von dem *ehem. hohenlohischen Residenzstädtchen*, auf einem Bergsporn hoch über der *Jagst.* Hat man sein Ziel erreicht, ist man fasziniert von dem imposanten Bauwerk und von dem traumhaft schönen Ausblick ins *Jagsttal.*

- **Aus der Geschichte** - Burggründung durch die *Edlen von Langenburg* im 12. Jh. Erweiterungsbauten im 13., 14. u. 15. Jh. Doch sind von der mittelalterlichen Burg nur noch Fundamente und untere Mauerpartien erhalten. Erst *Graf Philipp Ernst v. Langenburg* läßt ab 1611 durch Baumeister *Jak. Kauffmann* das Schloß im Renaissancestil um- und ausbauen. Der Ostflügel wird von 1756-62 unter dem späteren *Fürsten Ludwig v. Langenburg* von *Joh. Christoph Schwarzwimmer* barock umgestaltet. 1963 äschert ein verheerender Brand den Ostflügel und Teile des Nordflügels ein. Wiederaufbau in der alten Gestalt bis 1968. Auf dem Giebel das Allianzwappen *Hohenlohe-Croy.*
- **Das Schloß** - Eine langgestreckte Rechteckanlage mit massigen runden Ecktürmen: *Kapellenturm* und *Bettenturm* beidseits des Ostflügels, *Archivturm* und *Hutzelturm* am Westflügel. Turmuntergeschosse mit Buckelquadern und Schießscharten. Die eindrucksvolle dreigeschossige *Schloßkapelle* (1621) im Südostturm besitzt noch die originale Ausstattung mit bemalten Holzemporen, Kanzel und Gestühl. Ein Glanzstück der Anlage ist der von 1610–16 repräsentativ gestaltete *Innenhof* mit dem Glockenturm, den Giebeln, den Wendelsteinen, der umlaufenden Altane und dem südlichen Galerietrakt. Ein Teil des Schlosses wurde von der Fürstlichen Familie der Öffentlichkeit zugänglich gemacht. Außer dem berühmten *Renaissance-Innenhof* können die *Schloßkapelle* und mehrere Museumsräume bei einem geführten Rundgang besichtigt werden.

In voller Blüte präsentiert sich im Frühsommer der vor dem Schloß gelegene und 1994 mit großem Aufwand renovierte *Barockgarten.* Hier wurden allein 1300 Rosen neu gepflanzt - ein attraktives Motiv für jeden Fotografen, ein beliebter Hintergrund für viele Gruppen- und Hochzeitsaufnahmen.

- **Das Deutsche Auto-Museum** - Wem der Sinn mehr nach Technik steht, dem bietet das im *ehem. Marstall* untergebrachte Museum mit seinen rund 80 ausgesuchten Oldtimern (1893–1939) und zeitgenössischen Renn- und Sportfahrzeugen einen abwechslungsreichen Rundgang. Den Schwerpunkt der Sammlung bilden Autos der zwanziger und dreißiger Jahre. Rennsimulatoren ermöglichen einen gefahrlosen „Geschwindigkeitsrausch". Jeder

Technikfreak, Autofan und Nostalgiker wird begeistert sein.

- **Das Schloß-Café im Rosengarten** – Auf einer Gartenterrasse des Schlosses direkt unterhalb des Barockgartens mit Blick ins *Jagsttal* und auf den Teilort *Bächlingen.* 1950 auf Veranlassung von *Fürst Gottfried* erbaut. Seit 1986 unter der Leitung von Konditormeister *Peter Purucker.* Angenehme, gepflegte Atmosphäre. Torten, Kuchen und Gebäck – alles aus eigener Herstellung. Günstiger Mittagstisch. Maultaschen. Suppen und kleinere Speisen. Frühstück. Hausmacher Vesper. Gästefreundliche Preise. – *Ru = Mo (nicht im Sommer).*

Nächster Ausflug: Schloß Langenburg ...

Das alles ist Schloß Langenburg

im Hohenloher Land:

- **Deutsches Auto-Museum** mit historischen Fahrzeugen
- **Renaissance-Schloß** mit sehenswertem »Schloß-Museum«
- **Schloß-Café** im Rosengarten m. Terrasse und Fernblick
- **Neugestalteter Barockgarten**

Besonders geeignet für Betriebsausflüge, Seniorenclubs und sonstige Gruppenreisen

Nahe Autobahn Heilbronn–Nürnberg (Ausfahrt Ilshofen–Wolpertshausen)
Öffnungszeiten: Ostern bis Mitte Oktober täglich von 10.00 bis 17.00 Uhr

Informationen: 74595 Schloß Langenburg - Telefon (0 79 05) 2 64

SCHLOSS-CAFÉ
Im Rosengarten
LANGENBURG

Familie P. Purucker
Öffnungszeiten:
Di–So ab 10.00 Uhr
Montag ab 13.00 Uhr

74595 Langenburg, Schloß-Café im Rosengarten,
Tel. 0 79 05/2 38, Fax 0 79 05/ 53 99

Langenburg – Panoramaweg – Unterregenbach – Reißichswald – Langenburg

Weg und Zeit – 9 km – 2½ Stdn.
Charakteristik – Dieser bezaubernde Rundweg hat es wegen seiner zum Teil kräftigen Steigungen in sich. Die wunderbare Aussicht vom *Panoramaweg* über das *Jagsttal* und der lohnende Besuch des Teilortes *Unterregenbach* entschädigen den Wanderer allerdings reichlich für seine Mühen. Der Rückweg durch den *Reißichswald* ist sehr bequem und erholsam.
Anfahrt – A 6 *Heilbronn–Nürnberg,* Ausfahrt *Ilshofen–Wolpertshausen,* über *Hörlebach, Obersteinbach, Nesselbach.*
Parken – Gr Ⓟ vor dem Automuseum und dem *Langenburger Schloß.*

• **Metzgerei–Vesperstüble Wolz** – Diese gemütliche Vesperstube bietet in behaglicher, ungezwungener Atmosphäre leckere schwäbische Spezialitäten aus der eigenen Metzgerei. Saure Kutteln, saure Linsen, ein herrlicher Rostbraten und an manchen Tagen die deftige Schlachtplatte sind sehr zu empfehlen. Untere bis mittlere Preise. – *Kein Ru.*

MA • **Der Rundweg** – Mit *[HW 8, Rotem Strich]* den *Schloßberg* abw. Unten an der Abzweigung nach *Oberregenbach* ger weiter, jetzt
MW mit *[HW 3, Rotem Strich], Ww [Panoramaweg].* Auf kl Holzbrücke Bach überqueren und auf schmalem Pfad steil aufw. Nach dem Überqueren der Str weiter auf dem *Panoramaweg,* jetzt mit überwältigendem Blick auf das malerische *Jagsttal.* Hier empfiehlt sich ein Verweilen auf einer der Ruhebänke, um so die wunderbare Stimmung, die über dem Tal liegt, einfangen zu können. Erneut Bach überqueren und nach 15 Min bei Gabel li abw bis in den kl Ort *Unterregenbach.* Hier wurde 1880 eine geheimnisvolle Krypta entdeckt, die als Keller unter dem *Pfarrhaus* erhalten blieb. Erst großflächige Ausgrabungen in den Jahren 1960–77 brachten Klarheit über das Rätsel von *Unterregenbach.* Die Krypta war Teil einer 48 m langen und 17 m breiten dreischiffigen Basilika aus dem Ende des 10. Jh. Besichtigt werden kann das *Grabungsmuseum,* die *Krypta* unter dem *Pfarrhaus* sowie eine *fränkische Urkirche* unter der bestehenden *St. Veitskirche.* Zurück über die *Archenbrücke,* eine sehenswerte überdachte Holzbrücke über die *Jagst.* Ein kurzes Stück an der
OM Str re, dann auf befestigtem Weg neben der Hecke *ohne Markierung* aufw. Bei Gabel re hinter der Holzhütte vorbei und steil aufw über das *Hochsteigle.* Oben im *Reißichswald* auf br Forst-
MA weg li mit *[1].* Nach langgezogener Rechtskurve auf br Weg re,
MW *Ww [Posthalterswaldsträßle].* Bei Wander-Ⓟ aus dem Wald her-
OM aus. Bereits nach 50 m *ohne Markierung* auf Feldweg re. Der Weg hat später die Markierung *[9].* Immer am Waldrand ent-

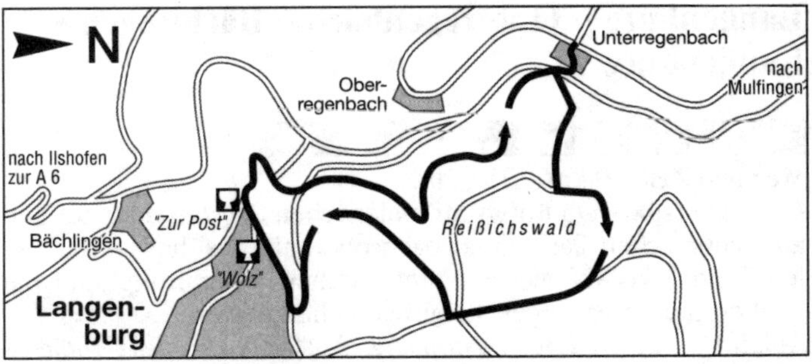

lang, abw zur Straßenspitzkehre unterhalb von *Langenburg*. Gleich nach der Brücke li mit *[9]* steil aufw, bei Gabel re, nächste Abzweigung wieder re. Oben in *Langenburg Atzenroder Kirchenweg* re und zurück zur gemütlichen Einkehr im

- **Gasthof zur Post** – Stilvolle Gastlichkeit wird in diesem behaglichen Haus groß geschrieben. In der *Alten Poststube* werden je nach Saison raffiniert zubereitete einheimische wie internationale Gerichte, z. B. kreative Enten-, Fisch-, Pilz- und Lammvariationen serviert, die auch gehobene Ansprüche zufriedenstellen. Schöne Komfortzimmer. Mittlere Preise. – *Ru = Mo.*

Metzgerei - Vesperstüble
Fremdenzimmer
Helmut Wolz

Hauptstrasse 32
74595 Langenburg
Tel: 07905 - 231
Fax: 07905 - 1215

Traditionsreicher
Landgasthof
in Langenburg.

Gasthof zur Post

Ein Ort der Gastlichkeit

Gemütliche
Gästezimmer

Familie Ziegler-Michels
74595 Langenburg, Hauptstr. 55,
Tel. 0 79 05/54 32, Telefax 0 79 05/55 47

Langenburg - Oberregenbach - Bächlingen - Langenburg

Weg und Zeit - 9 km - 2 ½ Stdn.

Charakteristik - Ob unten im malerischen *Jagsttal* oder auf den aussichtsreichen Panoramawegen oberhalb des Tales - die vielen Eindrücke auf dieser phantastischen Wanderung sind die Mühen mehrerer langer Steigungen allemal wert.

Anfahrt - A 6 *Heilbronn-Nürnberg,* Ausfahrt *Ilshofen-Wolpertshausen,* über *Hörlebach, Obersteinbach, Nesselbach.*

Parken - Gr P vor dem *Automuseum* und dem *Schloß.*

• **Langenburg - Oberregenbach** - 2 ½ km - ¾ Std - Zwischen *Au-*
OM *tomuseum* und *Schloß* (siehe S. 124) *ohne Markierung* abw. Gleich
MA unterhalb des *Schlosses* mit *[HW 8, Rotem Strich]* abw. Nach kl
Holztreppe br Weg überqueren. Nach 10 m **(!)** auf schmalem
MW Pfad mit *[Rotem Strich], Ww [Oberregenbach]* li abbiegen. Unten
im *Jagsttal* re an der Str entlang bis zur *Königsmühle* und über die alte *Jagstbrücke* nach *Oberregenbach.* In der *Kelterstr* (Ortsdurchgangsstr) Einkehrmöglichkeit in der

• **Gaststätte Jagststube** - In ruhiger, dörflicher Lage liegt dieser moderne, rustikale Gasthof. Herzhafte Gerichte, leckere Vesperspezialitäten aus der Hausmetzgerei und abwechslungsreiche Tagesessen werden in familiärer Atmosphäre serviert. Auch Kinder- und Seniorenteller. Komfortable Ferienwohnung für 4-5 Personen. Angenehme Preisgestaltung. - *Kein Ru.*

• **Oberregenbach - Bächlingen - Langenburg** - 6 ½ km - 1 ¾ Stdn
- Am Ortsende ger aufw mit *[Rotem Strich, HW 8, Rotem Kreuz].*
MW Auf halber Höhe mit *[Rotem Kreuz]* li. An der 1. Gabel nach ca.
MW 15 Min **(!)** halbre aufw (schlechte Markierung!). Oben auf br
MW Forstweg li, nach 100 m mit *[Blauem Punkt]* halbli. An der Str
ca. 50 m li, dann wieder li, *Ww [Bächlingen, Langenburg].* Bei Gabel li abw. Kurz vor *Bächlingen* auf schmalem Pfad li steil abw. Über die überdachte *Archenbrücke* nach *Bächlingen.* Sehenswert die ca. 100 Jahre alte *Ev. Pfarrkirche* und die *Alte Kelter,* die zuerst 1687 erwähnt wurde. Nach der Brücke re, Langenbur-
MW ger Str li, *Alte Steige* mit *[Rotem Strich]* ger. Es folgt ein langgezogener steiler Anstieg, der den Wanderer in ½ Std zurück nach *Langenburg* bringt, wo man die verdiente Einkehr im *Gasthaus-Metzgerei „Zum Ochsen"* genießen kann.

• **Gasthaus-Metzgerei „Zum Ochsen"** - In diesem gemütlichen Gasthaus erwartet den Gast in ungezwungener Atmosphäre die ganze Palette der schwäbisch-hohenlohischen Spezialitäten. Käs- und Leberspätzle, Tafelspitz, Lammgerichte, alles solide und schmackhaft mit Produkten aus der eigenen Metzgerei zubereitet. Köstliche Hausmacherwurst. Mittlere Preise. - *Ru = Mo u. Sa abends.*

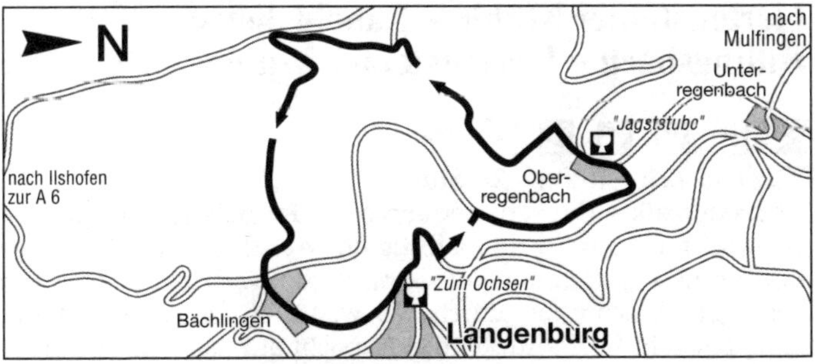

Gaststätte Jagststube

Inh. Erich Baumann
74595 Langenburg, Kelterstr. 18, Tel. 0 79 05/3 89

Wir freuen uns über Ihren Besuch und
wünschen Ihnen einige angenehme Stunden
in unserer neuen Gaststätte.

Gasthaus »Zum Ochsen«

Metzgerei Inhaber G. Spannagel

Traditionsreiches Gasthaus
in Langenburg.
Der Chef kocht selbst
schwäbische Spezialitäten.
Auf Ihren Besuch freut sich Fam. Spannagel.

74595 Langenburg, Tel. 07905/377, Fax 5437

Stadt Langenburg

Luftkurort an der Burgenstraße

Der beliebte Luftkurort in prächtiger Lage über dem Jagsttal mit seinem Schloß, Automuseum und dem historischen Städtchen bietet Ihnen ideale Voraussetzungen für tolle Wandertouren.
Dem Wanderfreund erwarten gute Hotels, Gasthöfe und Pensionen, Cafe´s und eine abwechslungsreiche Gastronomie.

Haben wir Sie neugierig gemacht ?

Auskünfte und Informationen beim:
Verkehrsamt, Hauptstraße 15, 74595 Langenburg
Tel. 07905 - 9102-0; Fax 07905 - 491

Hertensteiner Mühle - Raboldshausen - Billingsbach - Hertensteiner Mühle

Weg und Zeit - 10 km - 2 ½ Stdn.
Charakteristik - Ein sehr bequemer und erholsamer Rundwanderweg auf vorwiegend befestigten Wegen. Stille Waldwege führen ins verträumten *Rötelbachtal.* Sie wechseln sich ab mit sonnigen Abschnitten durch die weite Wiesenlandschaft mit zum Teil sehr beeindruckender Aussicht auf das leicht hügelige Umland. Unterwegs bieten sich mehrere wunderschöne Rastmöglichkeiten an. Auch ungeübte Wanderer werden von diesem Weg begeistert sein.
Anfahrt - Von *Langenburg* über *Atzenrod, Raboldshausen, Billingsbach.* - Von *Eberbach/Jagst* über *Brüchlingen.* - Nächste Bahnstation in *Blaufelden.*
Parken - Großer Gäste-P vor der *Hertensteiner Mühle.*

• **Hertensteiner Mühle** - Mitten im Wald, umgeben von herrlichen Rad- und Wanderwegen, liegt dieser ländliche Gasthof. In der gemütlichen Gaststube oder im Garten werden köstlich zubereitete gutbürgerliche Gerichte serviert. Die Wildspezialitäten aus eigener Jagd, die Hähnchen, Steaks und Rostbraten sind ein Gedicht. Behagliche Komfortzimmer. Untere bis mittlere Preise. - *Ru = Mo.*

• **Der Rundweg** - Von der *Hertensteiner Mühle* geht es zunächst
OM *ohne Markierung* auf der wenig befahrenen Str nach *Brüchlingen* bis zur Brücke, die li über den *Rötelbach* führt. Brücke überque-
MA ren und gleich danach mit *[Blauem Strich], Ww [Raboldshausen]* re auf schmalen Waldweg am *Rötelbach* entlang. Der Weg folgt zunächst dem *Rötelbach*, später dem *Weilersbach* und verläßt nach ca. 30 Min den Wald. Über freies Feld bis in das Dorf *Raboldshausen. Ortsstr* re, *Zum Wasen* li u. wieder aus dem Ort hinaus. Nach dem Ort mit *[Blauem Strich]* ger auf asphaltiertem Weg bleiben. Durch herrliche Wiesenlandschaft, vorbei an einzelnen
OM kl Baumgruppen vor bis zum Waldrand. Hier *ohne Markierung* li. Jetzt immer auf diesem Weg bleiben. Ein kurzes Stück durch Wald, später auf freiem Feld kurz vor der Str der Linkskurve folgen. Am Waldeck ger weiter auf unbefestigtem Feldweg am
MA Waldrand entlang. Hinter kl Fischteich mit *[Rotem Strich, HW 8]* li. Auf schmalem Pfad in den Wald, nach 200 m auf br Weg re u. wieder aus dem Wald heraus. Durch wunderschöne waldreiche Hügellandschaft bis zu einem sehr idyllisch gelegenen kl See mit Ruhebänken und Grillmöglichkeit, an dessen Ufer sich eine erholsame Rast anbietet. Weiter auf asphaltierter Fahrstr nach *Billingsbach.* Auf der *Liederhallenstr* vorbei am *Sportplatz, Ortsstr* li und auf der *Jägerstr* re wieder aus dem Ort hinaus. Weiter dem *[Roten Strich, HW 8]* folgen, bei Gabel halbre und in ca. 20 Min zurück zum Ausgangspunkt bei der *Hertensteiner Mühle.*

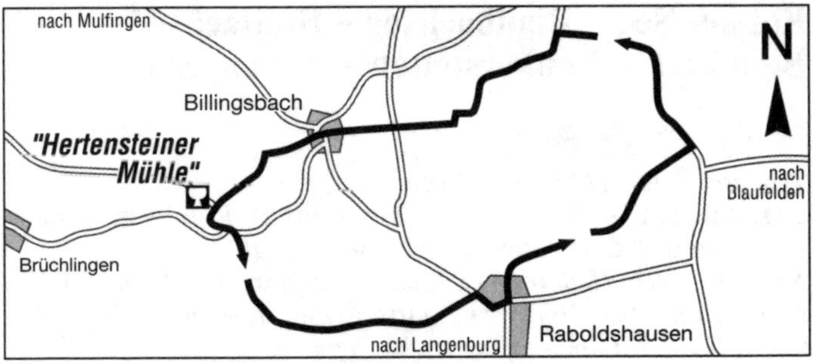

Weitere Wanderungen:

- **Hertensteiner Mühle - Rötelbachtal - Eberbach - Brüchlingen - Hertensteiner Mühle** - 10 km - 2 ½ Stdn. - Von der *Hertensteiner*
Mühle mit *[Blauem Strich]* in westlicher Ri durch das *Rötel-* MA
bachtal bis nach *Eberbach an der Jagst.* Zurück *ohne Markierung* OM
über die nur wenig befahrene Fahrstr, die am südlichen Ortsende halbli abbiegt u. über *Brüchlingen* nach *Billingsbach* führt. Oberhalb von *Eberbach* liegt ein sehr schöner Rastplatz mit Grillstelle und herrlicher Aussicht über das Jagsttal. Die Str nach *Billingsbach* führt direkt an der *Hertensteiner Mühle* vorbei.
- **Hertensteiner Mühle - Eberbach - vor Summetshausen - Billingsbach - Hertensteiner Mühle** - Wie oben beschrieben nach
Eberbach an der Jagst. Auf der nördlichen Seite des *Rötelbachtals* MA
auf halber Höhe mit *[HW 3, Rotem Strich]* zurück. Nach ¾ Std bei
Gabel li, *Ww [Summetshausen].* Nach dem Wander-Ⓟ mit Grill- MW
stelle bei *Geroldshausen* scharf re, nach 10 Min li zur Str. Auf der Str ca. 300 m re, dann scharf li bis zum Wald. Hier re am Wald-
rand entlang. Beim Waldende *ohne Markierung* auf befestigtem OM
Weg bis *Billingsbach.* Von hier aus wie oben beschrieben zurück zur *Hertensteiner Mühle.*

Hertensteiner Mühle

Entdecken Sie Ihr neues Ausflugs- und Urlaubsziel mitten im Wald

direkt am Frankenweg zwischen Rothenburg und Langenburg im Sommer wie im Winter. Mod. Zimmer, 19 Betten, DU/WC, Balkon, Kegelbahn, gekennz. Radwege, schöne Wanderwege und Langlaufloipen, Angel- und Bademöglichkeit. Montag Ruhetag. Busse auf Anfrage. Chef (Albvereinsmitglied) kocht selbst; Wild aus eigener Jagd. Kinderermäßigung.

Familie Heinrich und Brunhilde Kochendörfer
74572 Blaufelden-Billingsbach, Telefon 0 79 52/59 16

Rot am See - Blaubachsee - Brettachsee - Beimbach - Lenkerstetten - Rot am See

Weg und Zeit - 17 km - 4 ½ Stdn.

Charakteristik - Sehr abwechslungsreicher Rundweg entlang von Seen und dem romantischen *Brettachtal.*

Anfahrt - A 6 *Heilbronn-Nürnberg,* Abfahrt *Crailsheim,* B 290 nach *Rot am See.* 200 m nach Ortseingang *Rot am See* in Linkskurve *Gasthof Lamm.*

Parken - Gäste-P am *Gasthof Lamm.*

• **Rot am See - Lenkerstetten** - 3 ¾ Stdn - Vom *Gasthof Lamm*
re auf B 290 Ri *Bad Mergentheim.* Nach Gemeindebauhof auf li
Seite in *Hohebuchstr* li. *Am Eichenhain* ger. Ab Ortsausgang ger
entlang Birkenallee Ri Wald. An Wegekreuz ger auf Grasweg,
am Waldrand entlang. Nach 50 m re, an asphaltiertem Weg li, an
MA Wegekreuz am Waldrand ger durch Felder. An Str re, *[Fahrrad-*
weg Oberamtstour], nach *Kleinbrettheim.* Entlang Hauptstr Ri
Brettenfeld. Nach Ortsausgang über Bachbrücke. An Str li, über
OM Brücke, am P *Ruine Bebenburg* re. Vom P li aufw durch Wald.
An Hangoberkante auf Damm re, nach Wasserwerksgebäude li
MA abw zum Blaubachsee, *[Blauer Strich auf weißem Grund].* Am
OM See re durch Wald bis Nordspitze des Sees. Weg aufw li bis
MA Waldrand. In Schotterweg scharf re, *[Blauer Strich auf weißem*
Grund]. An Wegegabelung li, nächste re auf grasigen Waldweg.
Nach 200 m an Wegegabelung li, über Str *Bemberg-Amlishagen.*
An Asphaltweg re, nach 50 m li wieder in Wald, an Wildgehege
vorbei. Nach Ortsrand *Amlishagen* an *Gerabronnerstr* li, an
Kreuzung nach 100 m li abw ins *Brettachtal.* Im Tal re an *Huber-*
tusmühle vorbei, li über Brücke. An Hangfuß re Ri *Brettach-*
stausee. Weg führt abwechselnd im Hang und am Ufer der
Brettach entlang. Überquerung der *Brettach* auf im Wasser lie-
genden Steinen. Im Hangwald aufw, li, in Hangmitte durch
Wald weiter. An Wegekreuz li hangabw, nach 50 m re. An
Asphaltweg re aufw. Am Ende des Weges Treppe abw. Nach
OM Treppe läuft Waldweg oberhalb des *Brettachstausees.* Weg führt
li auf Damm, am Ende des Dammes re auf Asphaltweg. Auf Str li aufw nach *Beimbach.* Im Ortskern nach Rechtskurve li Ri *Oberndorf.* 500 m nach Ortsausgang re, nach 80 m li. Durch Felder ger, nach Anhöhe in Schotterweg re. An L 1033 li nach *Lenkerstetten* hinein. In Ortsmitte auf li Seite

• **Gasthaus zur Krone** - Gemütliches Gasthaus mit kl Biergarten. Familiäre Atmosphäre, gutbürgerliche Küche mit Hausspezialitäten aus eigener Schlachtung. Kinder- und Seniorenteller. Flaschenbier und offene Weine. Mittlere Preise. - ÖZ: ab 17 Uhr. - *Ru = Mo u. jeden letzten So im Monat.*

• **Lenkerstetten - Rot am See** - ¾ Std - Von der *Krone* li auf Str Ri

oben: Schloß Langenburg …
unten: … und Langenburgs Innenstädtle

oben: Blick auf Vellberg
unten: Backofenfest im Hohenloher Freilandmuseum Wackershofen

oben: Burg Leofels
unten: Kirchberg an der Jagst

Freizeitvergnügen in Hohenlohe – zu Lande und zu Wasser

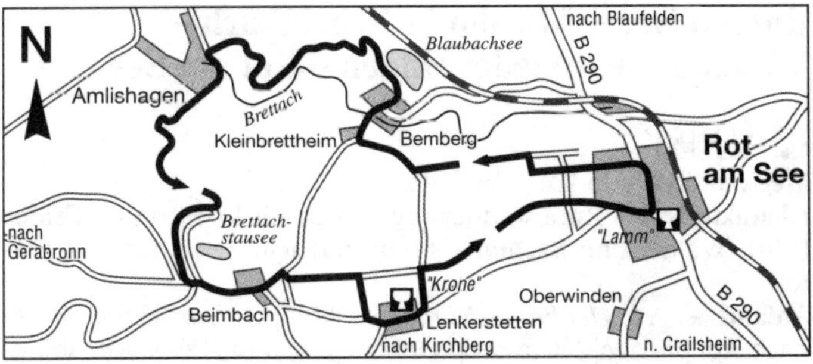

Rot am See. Nach Ortsausgang li Ri *Kleinbrettheim.* An Wegekreuz re in Landwirtschaftsweg durch Felder, teilweise am Waldrand. Ab Ortsrand *Rot* auf *Rinderlenweg.* An Kreuzung in *Hohebuchstr* re, nach 20 m in *Gerrabronnerstr* li. 20 m nachdem Str in B 290 übergeht, li

- **Gasthof Lamm** – Traditionsreicher Gasthof mit gutbürgerlicher Küche. Gemütliche Gasträume mit behaglicher Atmosphäre. Rustikale Gästezimmer. Spielplatz. Truthahnspezialitäten, Tages- und Vesperkarte, Hausmetzgerei. Bier vom Faß, offene und Flaschenweine. Mittlere Preise. – *Ru = Do.*

Gasthaus zur Krone

Ruhe und Erholung. Hausmacherkost aus eigener Herstellung lädt zum Verweilen ein.

Auf einen Besuch freuen sich
Familien Pfeifer-Lämmle

74585 Rot am See-Lenkerstetten, Tel. 07954/460

Traditionsreicher Hohenloher Landgasthof seit über 100 Jahren. Ein Haus zum Wohlfühlen

GASTHOF LAMM
Fam. Haberstock-Markert

74585 Rot am See
Telefon 0 79 55 / 23 44

Rot am See - Musdorf - Schainbach - Wallhausen - Niederwinden - Rot am See

Weg und Zeit - 15 km - 3 ½ Stdn.
Charakteristik - Rundwanderweg, der durch Wiesen und Felder führt, Wälder und Bachtäler streift und schöne Rundblicke bietet.
Anfahrt - A 6 *Heilbronn-Nürnberg,* Abfahrt *Crailsheim,* B 290 nach *Rot am See.* 200 m nach Ortseingang li in *Brunnenstr* abbiegen.
Parken - Gäste-P bei der *Gaststätte Feuchter.*

• **Rot am See - Wallhausen** - 2 Stdn - Von der *Gaststätte Feuch-*
ter in *Metzgergasse* ger, diese geht in Hauptstr über, Ri *Bad Mer-*
MA *gentheim.* Nach Schule re in *Zum Rothölzle.* Ger in Wald, *[Blau-*
es liegendes U]. Ger, Treppe abw. Im Tal führt Weg über Bach-
OM brücke ger in Ferienhof *Aumühle.* Im Hof li, entlang
Aumühlenweg in Ort. In *Sommerbergstr* re, unter Bahnunterführung durch. Danach in *Brettheimerstr* re. Über Bachbrücke ger, re an Campingplatz, li an *Schwarzen-Mühle* vorbei. Entlang Str Ri *Hilgartshausen* bis Abzweig nach re in Allee nach *Mus-*
MA *dorf.* Unter L 1040, mit *[Blauem Punkt auf weißem Grund]*, durch
nach *Musdorf* (keine Straßennamen). An Hauptstr li Ri *Limbach.* 300 m nach Ortsausgang re, gleich wieder li zwischen zwei Aussiedlerhöfen durch. Ger auf Asphaltweg durch Felder. An See li, nach 300 m an Wegekreuz re. An Wegegabel halbre Ri *Schainbach.* An Kreuzung nach re entlang Str nach *Wallhausen.* An Gehölzgruppe li, leicht aufw. Auf Anhöhe Überquerung der B 290. Abw in Wald, li Steinbruch, im Tal über Bachbrücke. Am Bach entlang, an Bahndamm Bachüberquerung. Li Kläranlage, 100 m danach Ortseingang *Wallhausen*, in *Kirchbergstr* li. Nach 150 m auf re Seite

• **Brauerei-Gasthof „Schwarzer Adler"** - Behagliche Gästezimmer. Kegelbahn. Brauereigasthof mit angenehmer Atmosphäre. Gutbürgerliche Küche mit Angeboten aus eigener Landwirtschaft und Schlachtung, Wildspezialitäten. Bier vom Faß, offene und Flaschenweine. Mittlere Preise. - *Ru = Mo nachmittags.*

• **Wallhausen - Rot am See** - 1 ½ Stdn - Vom *Adler* li zurück in
Kirchbergstr. Nach Bahnunterführung re parallel zur Bahnlinie,
OM li Grillstelle, an Wegegabelung li, parallel zu Waldrand durch
Obstwiesen und Felder. An Wegegabelung mit Aussichtspunkt re. An nächster Wegegabelung re, nach 15 m in unbefestigten grasigen Waldweg schräg li. 10 m vor Waldlichtung li, am Waldweg re. Am Waldrand li, sehr schöne Aussicht Ri *Niederwinden, Rot am See.* An Wegekreuz li auf befestigten Weg am Waldrand, Kurve nach re folgen. An Wegekreuz nach Waldrand re auf asphaltiertem Weg. Am Ende einer Feldhecke nach re, ger in Ort

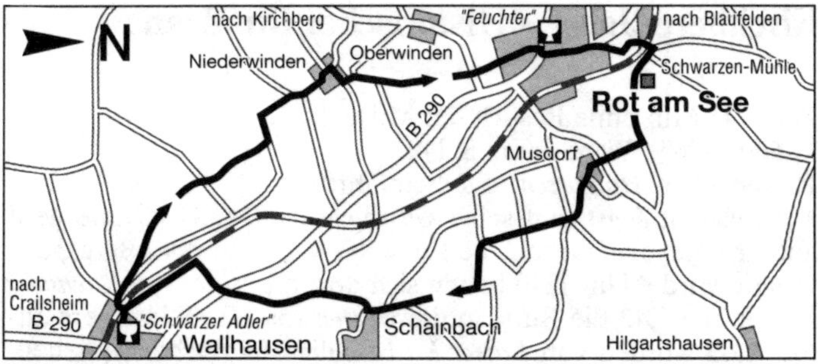

Niederwinden durch Hohlweg (keine Straßennamen). An Straßengabelung li, nach 20 m ger (Str schwenkt nach re). An nächster Kreuzung re, *[Fahrradweg Hohenloher Residenzweg].* Ger, *MA*
kurz vor Ortsende li Ri *Rot am See,* ger entlang Birkenallee. Am Ende der Allee Überquerung der Str nach *Oberwinden.* Ab Ortsrand ger entlang *Fliederweg,* re in *Brunnenstr.*

- **Gaststätte-Metzgerei Feuchter** - Gemütliches familiäres Gasthaus mit Terrasse. Gutbürgerliche Küche, Hausspezialitäten aus eigener Metzgerei, Seniorenteller, Tages- und Vesperkarte. Bier vom Faß, offene Weine. Mittlere Preise. - *Ru = Mo.*

Brauerei Gasthof Schwarzer Adler
SCHWARZ - BRÄUNINGER WALLHAUSEN

74599 Wallhausen, Fam. Schwarz,
Tel 07955/2209, Fax 07955/7555

Traditionsreicher Brauerei-Gasthof. Bekannt durch seine gutbürgerliche Küche und gepflegte Hausmannskost. Auf einen Besuch freut sich **Fam. Schwarz**

Feuchter

Metzgerei & Gaststätte

Traditionsreich seit 1909.
Das gepflegte und gemütliche Hohenloher Gasthaus.

74585 Rot am See, Brunnenstr. 15,
Tel. 07955/2225, Fax 07955/3590

Kirchberg/Jagst – Historischer Rundgang

Zeit – 45 Min ohne Besuch der Museen.
Anfahrt – Wie Wanderung S. 142.
Parken – Im *„Hofgarten"*, Stadteinfahrt li.

• **Kirchberg/Jagst und seine Geschichte** – Der Ortsname geht auf eine Kapelle zurück, die Ende des 9. Jh. auf dem Bergsporn erbaut wurde. Um 1240 ließen sich dort die *Ritter von Kirchberg* nieder, die 1313 die Burg an die *Grafen von Hohenlohe* verkauften. 1373 wurden von *Kaiser Karl IV.* die Stadtrechte verliehen. Ab 1398 war *Kirchberg* im Besitz der 3 benachbarten Reichsstädte *Rothenburg o. T., Dinkelsbühl* und *Schwäbisch Hall* und erhielt in dieser Zeit die Stadtbefestigung. 1560 nahmen wieder die *Grafen von Hohenlohe* Besitz von der Burg und bauten sie zu einem Renaissance-Schloß um. Von 1700–1861 wurde hier residiert und das Schloß im barocken Stil erweitert, Hofgarten und Orangerie entstanden.

• **Rundgang** – Am Ende der *Poststr* über den Schloßgraben. Hier beginnt der eigentliche Schloßbezirk. **1) Stadttor** mit barockem Wappen (1744) und Stadtturm (1400). Re Reste der *Stadtmauer*, z. T. mit überdachtem Wehrgang. An der Ecke *Schloß-* und *Kirchstr* steht das ehemals reichsstädtische **2) Rathaus** mit Fachwerkgiebel. Erinnerungstafel an den Besuch von *Kaiser Karl V.* 1546. **3) Alte Lateinschule** (1748), heute Museum. **4) Stadtkirche** (1731), durch Brand 1929 zerstört. **5) Langer Bau** (1833), ehemaliger Marstall und Remisenbau. **6) Schöne Häuserreihe mit Rathaus** (1800), **Schloßapotheke** (1806), **Prinzessinnenbau, Pfarrhaus** (1615) mit markantem Fachwerkgiebel. Im **7) Schloß** ist heute ein Alten- und Pflegeheim untergebracht. Sehenswert der Rittersaal (leider nur bei Konzerten und im Rahmen von Führungen zugänglich) und das „Biedermeierzimmer" aus dem Besitz der Familie *Schaeff,* das die behagliche und bescheidene Lebenshaltung dieser Stilepoche vermittelt. **8) Schloßpark,** entlang der Schloß- und Stadtmauer. Re kl Gartenhaus mit italienischen Landschaftsbildern. **9) Katharinenruhe,** Turmruine (1795), künstlich unter Verwendung von Buckelquadern aus der staufischen *Ruine Leofels,* 5 km westl., errichtet. **10) Barocker Hofgarten** mit Orangerie (1750). **11) Alter Friedhof** (1614/16), eine Sehenswürdigkeit von besonderer Art. Zahlreiche, sehr kunstvolle Grabdenkmäler.

• **Kultur** – *Sandelsches Museum* (in 3) *Alte Lateinschule),* benannt nach einem seiner Stifter, dem ehem. Kriegsgerichtsrat *Theodor Sandel.* Mit *Erzgebirgischem Volkskunstmuseum, Schulmuseum Hohenlohe-Franken* (Schaeff-Stiftung, Biedermeier-Zimmer im 7) *Schloß)* und *Neuer Sächsischer Galerie. – ÖZ: April–September So 14–17 Uhr, werktags auch für Gruppen ab 10 Personen.* Tel. 07954/428. In der *Orangerie* finden Sonderausstel-

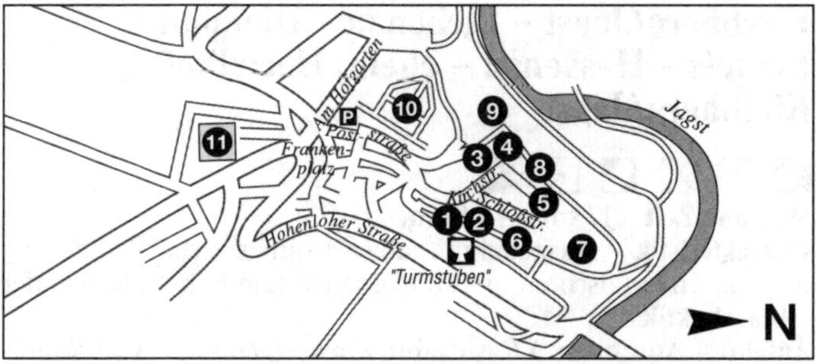

lungen zeitgenössischer Künstler statt, sie dient auch als Sommeratelier. Eine 30jährige Tradition haben die Schloßkonzerte im Rittersaal. Aktuelles Programm Tel. 07954/9801-0.

• **Turmstuben** - Im „Zipfelmützenturm“, erreichbar über eine hölzerne Wendeltreppe, hat dieses Restaurant seine ganz besonderen, historisch stilvollen Gasträume. Hier wird kreativ und anspruchsvoll gekocht. Tageskarte mit saisonalen Gerichten. Auch Vesper. Neu eingerichtet wurden 4 behagliche Gästezimmer. Mittlere Preise. - *Ru = Mo.*

Turmstuben

In historischen Räumlichkeiten bei feinem Essen sich wohlfühlen und entspannen.
Auf einen Besuch freut sich
Richard Schulz

74592 Kirchberg/Jagst,
Kirchstr. 1, Tel. 0 79 54/81 90
Montag Ruhetag

Stadt Kirchberg an der Jagst

Perle des Jagsttales
Staatlich anerkannter Erholungsort
bietet:

- zahlreiche Sehenswürdigkeiten (romantische Altstadt, Schloß mit barockem Hofgarten, Alter Friedhof, Museum mit Sammlung erzgebirgischer Volkskunst, Jugendstilkirche in Gaggstatt, gotische Fresken in Mistlau)
- ein reiches kulturelles Angebot (Schloßkonzerte, Film und Kleinkunst in der „fabrik“)
- stimmungsvolle Feste (u. a. Weihnachtsmarkt am 2. Advent in der gesamten historischen Altstadt)
- schöne Rad- und Wanderwege im Jagsttal und über die Hohenloher Ebene
- eine vielseitige, gepflegte Gastronomie

Weitere Auskünfte erhalten Sie beim Bürgermeisteramt,
Schloßstr. 10,74592 Kirchberg a. d. Jagst ,
Tel. 0 79 54/98 01-0, Fax 0 79 54/98 01-19

Kirchberg/Jagst - Eichenau - Diembot - Leofels - Hessenau - ehem. Hetzelhof - Kirchberg/Jagst

Weg und Zeit - 17 km - 4 ½ Stdn.

Charakteristik - Ausgedehnte, abwechslungsreiche Wanderung in einer unverfälschten, naturbelassenen Landschaft, fernab der Alltagshektik.

Anfahrt - Autobahn A 6 Ausfahrt *Kirchberg/Jagst.* - Von *Schwäbisch Hall* auf L 2218 bis Ausf. *Kirchberg*, 26 km. - Von *Crailsheim* auf Landstraße, 12 km.

Parken - Gäste-P beim *Landhotel Kirchberg* (außerhalb) oder P im *„Hofgarten“*, Stadteinfahrt li.

• **Kirchberg/Jagst** - Staatlich anerkannter Erholungsort im mittleren *Jagsttal.* Ehemalige *hohenlohische* Residenzstadt mit reichsstädtischem Flair.

• **Kirchberg/Jagst - Eichenau - Diembot - Leofels** - knapp 2 Stdn - Vom P *Landhotel Kirchberg* an Landstr 300 m Ri *Kirchberg*, dann li in Senke und am Bachlauf re am neuen Friedhof vorbei.
MA Re einbiegen in *Lendsiedler Str.* Nach ca. 100 m li *Ww [Rotes Kreuz].* Durch die Klinge eines Baches bis zur *Jagst*, dann li der *Jagst* entlang bis *Eichenau. Jagstbrücke* überqueren, scharf li **(!)** am Fluß zur Fahrstr nach *Diembot.* Dort *Jagst* erneut queren, am Waldrand re und erst leicht, nach der Querung des *Scherrbaches* steiler ansteigend, nach *Leofels.* Am Waldrand bemerkenswerte Aussicht Ri Südost zum Höhenzug des *Burgbergs.*

• **Leofels** - Alte Reichsburg mit z. T. gut erhaltenen staufischen Fensterbrüstungen, wird in den Sommermonaten zur Spielstätte volkstümlich-historisierender Heimatstücke und zum Schauplatz von Pop- und Rockkonzerten. Aktuelle Programme und Kurzführer zur Burggeschichte im Haus 60 m re vor der Burg.

• **Leofels - Hessenau - ehem. Hetzelhof - Kirchberg/Jagst** - 2 ½ Stdn - Zugang zum Abstieg nach *Hessenau* vom Burggraben
MW aus, *Ww [Rotes Kreuz].* Klinge durchqueren, hier *MW [Blauer Strich]* und steil hinab nach *Hessenau.* Im Weiler ger und stetig ansteigend durch die nördliche, lichte Hangbewaldung der *Jagst* auf freies Feld. Wieder in den Hochwald (am Waldrand bemerkenswerter Eichen-Bestand). Beim Austritt aus dem Wald hinreißender Blick voraus nach *Kirchberg* und die westlichen Ausläufer der *Frankenhöhe.* Ca. 200 m nachdem der Waldrand links
OM zurückspringt, Markierung re verlassen, nach weiteren 200 m wieder re und auf Feldweg auf Obstbaumreihe zusteuern. Zuletzt auf Fahrstr *Diembot-Seibotenberg* aufw. Am Ende der Bachklinge zunächst *Ww [Sommerhof]* folgen, am Wbh scharf li und auf schmaler Teerstr zum P am *ehem. Hetzelhof.* Vom Hof ist heute keine Spur zu sehen, in einer Bachsenke li der Str steht

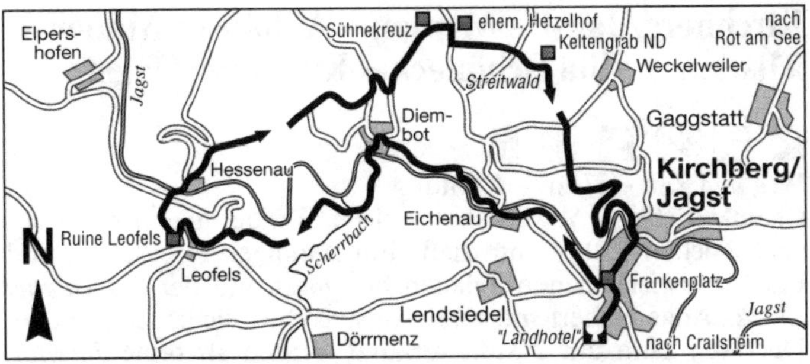

ein altes Sühnekreuz. Am P *Ww [Rotes Kreuz]* aufnehmen und *MA*
durch den *„Streitwald“* mit Keltengräbern (ND li am Weg) und über freies Feld nach *Kirchberg.* In dem zum Teil bewachsenen Talhang der *Jagst* altersgraue Steinriegel aus der Zeit, als man es im *Jagsttal* mit dem Weinanbau versuchte.

• **Landhotel Kirchberg** – Neu eröffnetes Haus am Ortsrand. Behagliche und großzügige Gästezimmer. Stilvolle Gasträume mit einer wohltuenden Atmosphäre. In der Küche werden ländliche Frischprodukte verarbeitet. Umfangreiches Speisenangebot - hier kocht der Chef - dazu Bier vom Faß und offene Weine. Mittlere bis gehobene Preise. - *Kein Ru.*

Landhotel
Kirchberg

Zur Tradition unseres Hauses gehört die familiäre Betreuung unserer Gäste. In dieser angenehmen Atmosphäre wird jeder Aufenthalt zu einem unvergeßlichen Erlebnis.
Die Küche bietet frisch zubereitete Gerichte aus Produkten der Umgebung.
Gästezimmer mit allem Komfort.
Versch. Räumlichkeiten für Festlichkeiten und Tagungen.
Wir freuen uns auf Ihren Besuch.

Familie Hans-Peter Bagusch
Eichenweg 2
74592 Kirchberg/Jagst
Telefon 0 79 54/98 88-0
Telefax 0 79 54/98 88-88

Kirchberg/Jagst – Mistlau – Anhäuser Mauer – Mistlau – Villa Schöneck – Kirchberg/Jagst

Weg und Zeit – 17 km – 4 ½ Stdn.
Charakteristik – Abwechslungsreiche Wanderung in einer ursprünglichen Kulturlandschaft. Ein ständiger Wechsel im Auf und Ab zwischen den Talauen der *Jagst* und der *Hohenloher Ebene.* Angereichert mit zwei kunstgeschichtlichen Kleinoden. Der Weg kann um 2 Stdn verkürzt werden als reine *Jagsttal-Wanderung.*
Anfahrt – Autobahn A 6 Ausfahrt *Kirchberg/Jagst.* – Von *Schwäbisch Hall* auf L 2218 bis Ausfahrt *Kirchberg,* 26 km. – Von *Crailsheim* auf Landstr, 12 km.
Parken – Im *„Hofgarten"* Stadteinfahrt li.

• **Kirchberg/Jagst** – Hoch über dem *Jagsttal* auf einem Bergsporn gelegene „Perle des Jagsttals". Mittelalterliches Stadtbild, Residenz der *Hohenlohe-Kirchberg* (16.–19. Jh.) mit Hofgarten und restaurierter Orangerie.

• **Kirchberg/Jagst – Mistlau** – 1 Std – Von *Kirchberg* stadtauswärts auf der *Crailsheimer Str,* noch im Ort li **(!)** *Ockenauer Weg*
MA *[Rotes Kreuz].* Nach ca. 1 km Markierung verlassen, ger mit *[RW*
MW *1].* Durch lichte Hangwälder, auf schmalem Weg immer ca. 50 m über dem Fluß – durch die *Teufelsklinge* – nach *Mistlau.*

• **Mistlau** – Idyllisch gelegener Flußweiler mit *Nikolauskapelle.* Im Inneren Freskenzyklus aus dem frühen 15. Jh. Dieser wurde erst 1895 wiederentdeckt. Schlüssel zur Besichtigung bei H. Leidig, Wanderstr 7, Tel (07954) 8828.

• **Der Quellhof** – Sehr ruhig und ländlich, unmittelbar am Wanderweg gelegen. Kulturtherapeutisches Landhaus in einem 100 Jahre alten ehemaligen Kur- und später Kinderheim. Gästezimmer baubiologisch renoviert. Schlichte, lichte Atmosphäre. Seminar- und Kursprogramme. Für 1998 Tagescafé geplant.

• **Mistlau – Bölgental – Anhäuser Mauer – Mistlau** – 2 Stdn –
MA Über die *Jagstbrücke* re, Markierung *[Roter Punkt]* **(!)**, am Fluß haltend, später hangaufw nach *Bölgental.* Am Talrand des *Jagsttales* re ca. 250 m, wunderschöne Aussicht. Blick vom *Bärenstein* ins 70 Höhenmeter tiefer gelegene *Jagsttal.* Am Dorfeingang
OM Markierung verlassen und durch das Dorf ger Ri *Gröningen.* 200 m nach Ortsende li auf schmaler Teerstr, letztes Stück auf Fahrstr *Bölgental-Wallhausen.* Auf freiem Feld steht hier der imposante Mauerrest der nördlichen Chorwand einer Klosterkirche aus dem 15. Jh. Fahrstr überqueren und mit Markierung
MA *[Roter Strich, HW 4]* weiter. Nach knapp 2 km bei Weggabelung
MW am Waldrand re, *Ww [Roter Punkt].* An Aussiedlerhöfen vorbei, li abw nach *Mistlau.*

• **Mistlau – Villa Schöneck – Kirchberg/Jagst** – 1 ½ Stdn – Mit

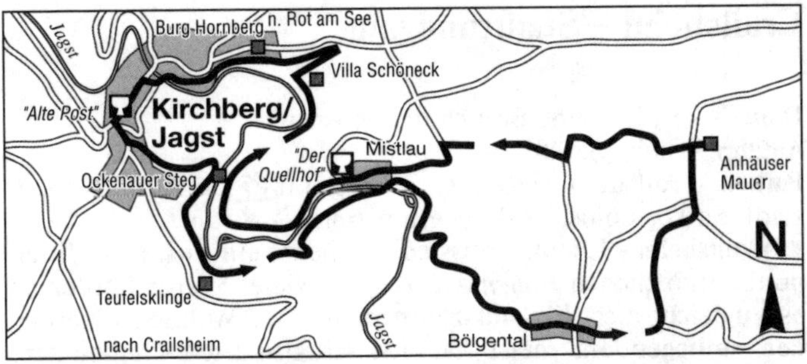

Markierung *[Rotes Kreuz]* zum *Ockenauer Steg*, einer pittoresken Archenbrücke über die *Jagst*. Vor Brücke re 50 m zum markierten Weg, *[Roter Punkt]*. Erst auf Waldweg, dann in Serpentinen aufw zur *Villa Schöneck* (Bibelschule) mit Aussichtskanzel. Weiter nach *Hornberg*. Vor *Schloß Hornberg* (in Privatbesitz, Bergfried aus Buckelquadern aus der Stauferzeit) li abw und über die *Jagstbrücke* aufw nach *Kirchberg*, in die *Poststr*, nach 50 m li das

MW

MW

- **Café „Alte Post"** – Zentral gelegenes Tagescafé mit angenehmem, freundlichem Ambiente. Die Angebote reichen vom vegetarischen Frühstück über wechselnde, vollwertige Tagesgerichte bis zu selbstgebackenem Kuchen. Im Sommer wird auch im Freien bewirtschaftet. Mittlere Preise. – *Ru = Mi*.

der Quellhof

- Erholung
- Seminare, Tagungen
- Jugendfreizeiten

74592 Kirchberg/J.-Mistlau,
Wanderstraße 18,
Tel. 07954/396, Fax 7167

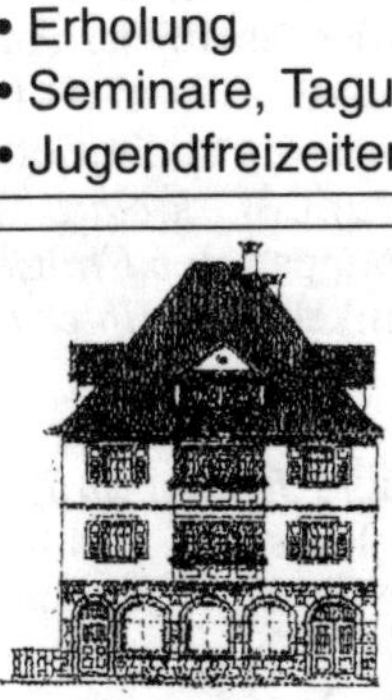

Café
"Alte Post"

Gemütliches Tages-Café lädt zum Verweilen ein. Selbstgebackene Kuchen, verschiedene Tagesgerichte, auch vegetarisch, Frühstückskarte. Auf einen Besuch freut sich

Café Alte Post, Inh. S. Zott – H. Dormann,
Poststr. 12, 74592 Kirchberg

Crailsheim - Stadtrundgang

Dauer - 45 Min ohne Besuch der Museen.
Anfahrt - Siehe S. 148.
Parken - Auf dem *Volksfestplatz* oder im (P) südl. der Innenstadt. So kostenlos. - Gäste-P am *Hotel Post Faber.*

• **Crailsheim** - Ehem. Kreisstadt, ist heute ein wichtiger Mittelpunkt im östlichen *Hohenlohe.* Als Sitz vieler Kreisbehörden ist es zugleich auch Einkaufszentrum für die Wohnbevölkerung der umliegenden, meist ländlich strukturierten Gemeinden. *Crailsheim* ist für Schiene und Straße verkehrsgünstig gelegen. Die A 6 als wichtige West-Ost-Verbindung tangiert das Stadtgebiet im Norden, wenige Kilometer östlich verläuft die Nord-Süd-Trasse der A 7. Von 1962 bis 1996 war *Crailsheim* Garnisonsstadt (Einheiten der US-Armee).

• **Crailsheim und seine Geschichte** - *Fränkische* Gründung im 6. Jh., erstmals erwähnt 996. Seit 1316 besitzt *Crailsheim* das Marktrecht, das Stadtrecht wurde 1338 verliehen. 400 Jahre gehörte die Stadt zur *Markgrafenschaft Brandenburg-Ansbach und Bayern,* 1810 wurde sie dann *württembergisch.* Noch im April 1945, unmittelbar vor Kriegsende, wurde die Innenstadt durch Luftangriffe zu 85% zerstört.

• **Rundgang - 1) Rathaus** mit Marktplatz, Stadtturm und Drei Brunnen. Südlich des Rathauses die 1393 geweihte **2) Liebfrauenkapelle** mit spätgotischer Predella, bäuerlicher Pietà und Altarkruzifix. Am Ende der Fußgängerzone re **3) Stadtpfarrkirche St. Johannes** (1398–1440, Passionsaltar, spätgotischer Taufstein, Sakramentshäuschen und zahlreiche Grabmäler). Östl. der *Langen Str*, knapp 200 m li, **4) Ehem. Spitalgebäude** (1400), heute Museum mit sehenswerten Sammlungen. Über *Spitalstr, Parkstr* und *Schloßstr* ehem. B 14 queren und über *Ringgasse* zum *Diebsturm* (13. Jh.), **5) einstige Stadtbefestigung.** Aus der „Zopfzeit" stammen viele Grabdenkmäler des *Alten Friedhofs,* der 1545 angelegt wurde. Dazu gehört **6) die Gottesackerkapelle** aus dem Jahr 1580. Zurück zum *Marktplatz* über den *Lammgarten* mit Stadtstein, der die Wappen der *Crailsheimer* Stadtherren trägt. Am Marktplatz Einkehr im *Hotel Post Faber (s. auch S. 149).*

• **Kultur** - *Stadtmuseum* im *4) Spital* mit drei Abteilungen: Musikinstrumentensammlung des Geigenbauers *Johann Strüber* - *Crailsheimer* Fayencen - mittelalterliche Badstube. Tradition und Fortschritt verbindet man in *Crailsheim* beim Höhepunkt des Jahreslaufs, dem seit 1841 gefeierten *„Fränkischen Volksfest".* Warum die *Crailsheimer* in der Region „Horaffen" genannt werden, läßt sich nicht mit letzter Sicherheit sagen. Mit dem gleichnamigen Gebäck (erstmals 1553) in der Form eines abgerundeten W ist dagegen eine aufschlußreiche Legende aus der

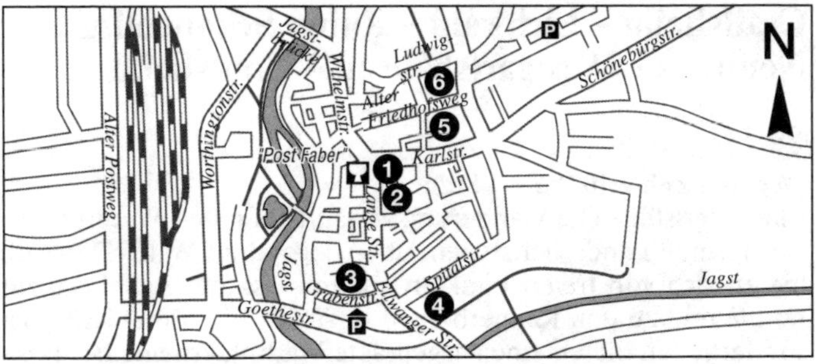

Stadtgeschichte verbunden. Als in den Wintermonaten während einer Belagerung *Crailsheims* durch die übermächtigen Truppen der Nachbarstädte *Hall*, *Rothenburg* und *Dinkelsbühl* in der Stadt großer Hunger herrschte und die Feinde täglich mit der Übergabe rechnen konnten, soll ihnen die Gattin des Bürgermeisters von der Stadtmauer aus mit ihrer drallen entblößten Kehrseite demonstriert haben, daß die Not so groß nicht sein konnte, worauf die Feinde mit dem Ruf „Horaffen“ entmutigt abzogen.

Stadt Crailsheim

Unser Motto: In Crailsheim sein – dabei sein!

Crailsheim – das Mittelzentrum im württembergischen Franken. Heimatverbunden und weltoffen, traditionsreich und zukunftsgerichtet entwickeln wir unsere Stadt.
Kulturell ist Crailsheim Stadt einer Geschichte, die im Stadtmuseum im Spital lebendig bleibt. Erleben Sie hier die Audiovisionsschau Mittelalterliches Bad, die wertvollen Crailsheimer Fayencen und die anschaulich aufbereitete Geigensammlung. Johanneskirche, Liebfrauenkapelle und Gottesackerkirche aus dem Spätmittelalter und der frühen Neuzeit bieten wertvolle kunsthistorische Zeugnisse.
»Feschdlich« ist in Crailsheim nicht nur ein Ausdruck für besonders feierliche Ereignisse, bei denen frohe Stimmung herrscht, sondern mehr noch das liebevolle Dialektwort für Feste. Sei es nun beim Fränkischen Volksfest, dem Stadtfeiertag, beim Lichterfest in Goldbach, der Roßfelder Sichelhenket oder dem Onolzheimer Hammeltanz – überall sind Sie zum Mitfeiern eingeladen.

Rufen Sie uns gerne an! Wir sind für Sie erreichbar bei der
Stadtverwaltung Crailsheim,
Amt für Wirtschaftsförderung,
Kultur- und Öffentlichkeitsarbeit,
Am Marktplatz 1, 74564 Crailsheim
Telefon 07951/403-292, Telefax 07951/403-159

Crailsheim - Eichwald - Ruine Schönebürg - Neuhaus - Westgartshausen - Crailsheim

Weg und Zeit - 16 km - 4 Stdn.
Charakteristik - Die Wanderung verläuft auf guten Wegen durch wechselnde Landschaftstypen, überwiegend im Wald. Dennoch bieten sich von freien Punkten aus interessante Ausblicke zur *Ostalb* und zu den Keuperbergen in *Hohenlohe.* Botanische Besonderheiten bieten eine ausgeprägte Wacholderheide bei *Westgartshausen* mit bemerkenswerten Beständen freistehender Eichen und ein Waldlehrpfad im *Eichwald.*
Anfahrt - A 6, Ausfahrt *Crailsheim.* - Über die L 2218 von *Schwäbisch Hall* (27 km). - Eisenbahnknotenpunkt *Stuttgart-Nürnberg* und *Ulm-Würzburg.*
Parken - Gäste-P *Hotel Post Faber* oder *Volksfestplatz.*

• **Crailsheim** - Industrie-, Einkaufs-, Verwaltungs- und Schulstadt. Die Innenstadt wurde noch im April 1945 bei erbitterten Kampfhandlungen völlig zerstört. Deshalb überwiegend neuere Bausubstanz. Ausgangspunkt für Jagsterkundungen zu Fuß und per Fahrrad.

• **Crailsheim - Eichwald - Ruine Schönebürg - Neuhaus** - 2 ½ Stdn - *Karlsstr* Ri *Nürnberg* bis *Bücher-Baier,* li in *Ringgasse* einbiegen, am Ehrenfriedhof vorbei, dann re *Ludwigstr* ger und *Beuer-*
MA *lbacher* Str entlang. Hier *[Roter Strich, E 8]* bis Jüdischer Friedhof, re kurzer Anstieg zur *Villa* (Aussichtsturm, Vogel- und Tierpark, Steinpyramide). Am Rand der *Crailsheimer Hardt,* durch Kastanienallee hinein in den naturgeschützten *Eichwald.* Durch lichten Wald, an Trimm-Dich-Pfad und Spielplatz vorbei, leicht aufw zur *Ruine Schönebürg* (ND, 533 m). Höhe haltend auf Waldwegen noch ca. 5 km bis zu Spielplatz am Waldrand.
MW Markierung verlassen, scharf re mit *[4]* zum *Landgasthof Neuhaus.*

• **Landgasthof Neuhaus** - Traditionsreicher, historischer Landgasthof mit behaglichen Gästezimmern. Die Gasträume sind stilvoll mit viel Holz ausgestattet. Auf der Karte stehen, der Grenzlage des Hauses entsprechend, fränkische und bayerische Gerichte. Breites Speisen- und Getränkeangebot. Auch Kinder- und Seniorenteller. Mittlere Preise. - *Ru = Di.*

• **Neuhaus - Westgartshausen - Crailsheim** - 1 ½ Stdn - Zu-
OM nächst auf Str Ri *Crailsheim,* dann li Ri *Schüttberg.* An der Abzweigung nach *Wegses* re auf schmaler Teerstr zum Waldrand. Schöne Aussicht auf oberes *Jagsttal.* 50 m nach Wbh li abw, im Talgrund wieder scharf li. Auf Höhe von *Ofenbach* re ohne Weg am Wiesenrand auf Birkengruppe und Wbh zugehen. Verbindungsstr *Crailsheim-Dinkelsbühl* überqueren und abw nach *Westgartshausen. Ev. Pfarrkirche zu Unserer Lieben Frau* birgt ei-

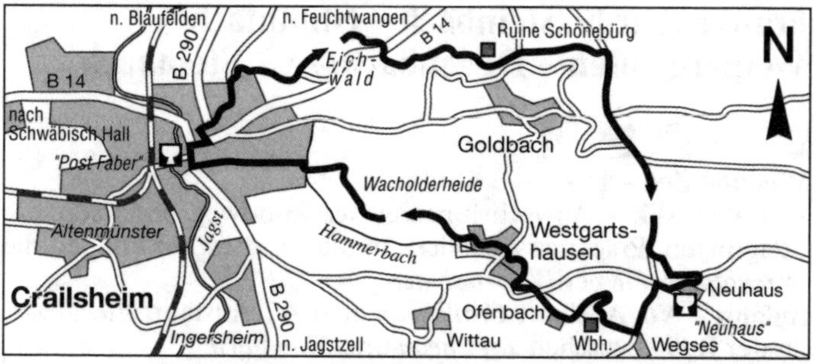

nige Kostbarkeiten (Marienaltar, Fresken, Wandtabernakel, Kanzel). Ort durch *Renngäßle* und *Unteres Weiler* verlassen. An Wacholderhängen (Naturschutzgebiet) und Eichen (ND) entlang Ri *Crailsheim*. Nach Schilfgürtel erster Weg re und am *Trutenbach* entlang zur Stadtmitte.

• **Hotel Post Faber** - Das moderne Komforthotel ist aus einer Posthalterei hervorgegangen. Die Ausstattung der Gästezimmer und die Leistungen des Restaurants machen es zum ersten Haus am Platze. Gehobene, gutbürgerliche Küche mit regionaler und saisonaler Orientierung. Feinschmecker-Menüs. Gepflegte Weine und Biere vom Faß. Einladende Terrasse am Marktplatz. Mittlere bis gehobene Preise. - *Ru = Fr abends geschlossen.*

Landgasthof Neuhaus

Urlaub oder Einkehr auf historischem Boden. Seit Beginn des 20. Jahrhunderts ist der Gasthof im Besitz der Familie Fach und bringt heute wie damals seinen Gästen Produkte aus der eigenen Landwirtschaft.
Schöne Gästezimmer sind vorhanden.
Wir freuen uns auf Ihren Besuch – Familie Fach.

74594 Kreßberg, Neuhaus 2, Tel. 0 79 57/98 84-0, Fax 98 84-44

Hotel Post Faber

Speisen
Genießen
Wohlfühlen
Tradition verpflichtet

Familie O. und Ch. Weber,
74564 Crailsheim, Am Marktplatz,
Tel 07951/965-0, Fax 07951/965-555

Frankenhardt–Steinbach - Stimpfach - Weipertshofen - Degenbachsee - Steinbach

Weg und Zeit - 15 km - 3 ¾ Stdn.

Charakteristik - Abwechslungsreicher Rundweg ohne stärkere Steigungen. Prächtige Ausblicke in die *Jagsttalauen* und auf die *Wacholderheide* bei *Weipertshofen.*

Anfahrt - A 6, Ausfahrt *Crailsheim* oder A 7 Ausfahrt *Ellwangen,* an der B 290 zwischen *Jagstheim* und *Stimpfach.*

Parken - Am *Gasthof Grüner Baum.*

• **Steinbach - Stimpfach - Weipertshofen** - 2 Stdn - Vom *„Grünen Baum“* 100 m in Ri *Stimpfach,* li über Bahnübergang, re an der Bahn entlang bis zum nächsten Bahnübergang, dort li über die *Jagstbrücke.* Unmittelbar nach der Brücke re auf Trampelpfad durch wunderschönen Naturtunnel. Weiter mit herrlichen Ausblicken auf die *Jagsttalauen* bis *Stimpfach.* Zwischen *Steinbach* und *Stimpfach* überschreitet man auch die Glaubensgrenze. Während *Steinbach* zum *„Hohenlohisch-Fränkischen“* zählt und überwiegend protestantisch ist, rechnet man *Stimpfach* zum *„Schwäbischen“,* es ist von *Ellwangen* geprägt und katholisch. In *Stimpfach* durch die *Mühlbergstr* re, *Bergäckerstr* li, *Mühlstr* re in die *Mühlwiesenstr.* Fußweg über den *Reiglersbach* li zur Kirche. Die *katholische Pfarrkirche St. Georg* im erhöhten, ummauerten Kirchhof mit den 3 Rokokoaltären ist sehenswert. Von der Kirche über die *Rotstr, [Blauer Strich],* bis Ortsende. Schotterweg re bis zum Waldrand, li *Ww [Totengrund],* markiertem Weg folgen bis zur Weggabelung nach 2 ½ km, li mit *Ww [Sandforchensträßle].* Markierung jetzt *[1]*, über die K 2644 bis zur Weggabelung, li, *Ww [Rotenbergsteige].* Weg mündet bald in die K 2644. Weiter über die *Gerbertshofer Str* und *Hirtengasse* zur Ortsmitte *Weipertshofen.*

OM (am Rand: *OM* – *MA* – *MW*)

• **Weipertshofen - Degenbachsee - Steinbach** - 1 ¾ Stdn - Von Ortsmitte die *Käsbacher Str* bis zum Segelfluggelände. Von hier hat man einen schönen Ausblick ins *Reiglersbachtal* und auf die Wacholderheideflächen. Vor der Start- und Landebahn Fußweg li bis zur K 2643, auf dieser halbre ca. 500 m bis zum Waldrand, 30 m nach dem Waldrand li ins *Sommerhaldesträßle.* Nach ca. 1 km Wegspinne, scharf re **(!)**, einen Weg überqueren, dann 2. Weg li. Den Bergrücken entlang bis zum Bergsporn. Hier stand die ehemalige *Pfannenburg,* von der jedoch keine Reste mehr zu sehen sind. Man kann sich vorstellen, wenn man sich die Bäume wegdenkt, welche exponierte Lage diese Burg einmal hatte. Von hier steil abw zu einem Schotterweg. Jetzt li diesem geschotterten Weg folgen, der sich in Serpentinen bis zum *Wolfsbergsträßle* hinabwindet. Jetzt re und über die Staumauer auf die gegenüberliegende Seite des *Degenbach-Stausees.* Der Stau-

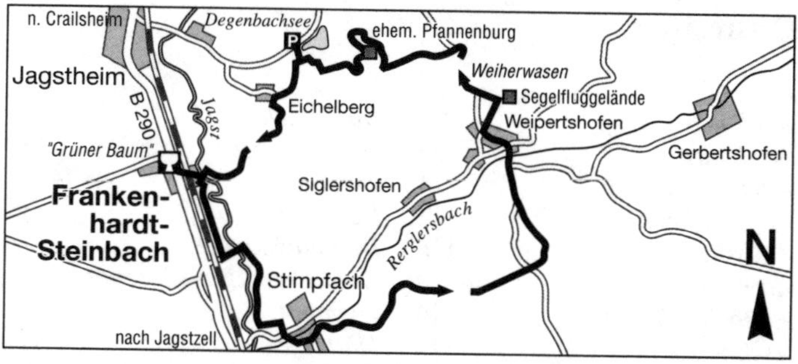

see ist ein Badesee, deshalb bei entsprechender Witterung die Badesachen nicht vergessen. Ein Kinderspielplatz, eine Liegewiese und ein Kiosk laden zum Rasten ein. Der Weg vom *Degenbachsee* nach *Steinbach* geht zurück über die Staumauer, re bis *Eichelberg*. Beim 1. Haus li, bei der 1. Gabelung li und bei der nächsten re bis zum Waldrand. Von hier hat man eine schöne Aussicht über die *Jagsttalauen* und auf *Jagstheim*. Vom Waldrand re auf einem Wald- und Wiesenweg bis zur geteerten Str re und nach 10 Min über die *Jagst* und die Bahnlinie zur B 290, li und nach 50 m zurück zum Ausgangspunkt.

- **Gasthof Grüner Baum** – Das gepflegte Gasthaus verfügt über großzügige Komfortzimmer, behindertengerecht, Lift vorhanden. Die rustikalen Gasträume verbreiten eine angenehme Atmosphäre. Ein Biergarten und Kegelbahnen sind vorhanden. Die gutbürgerliche Küche ist durchgehend geöffnet und bietet neben schwäbischen Spezialitäten besonders Fisch- und Wildgerichte an. Auch Vesper, Schonkost. Parkmöglichkeit direkt am Haus. Mittlere Preislage.– *Ru = Do.*

Gasthof Grüner Baum

In gemütlicher Atmosphäre
bieten wir einen
erholsamen Aufenthalt.
Gästezimmer mit DU/WC,
Telefon, TV.
Behindertengerecht.

An der B 290
74586 Frankenhardt,
Tel. 07967/244
Fax 07967/8415

Ortsregister

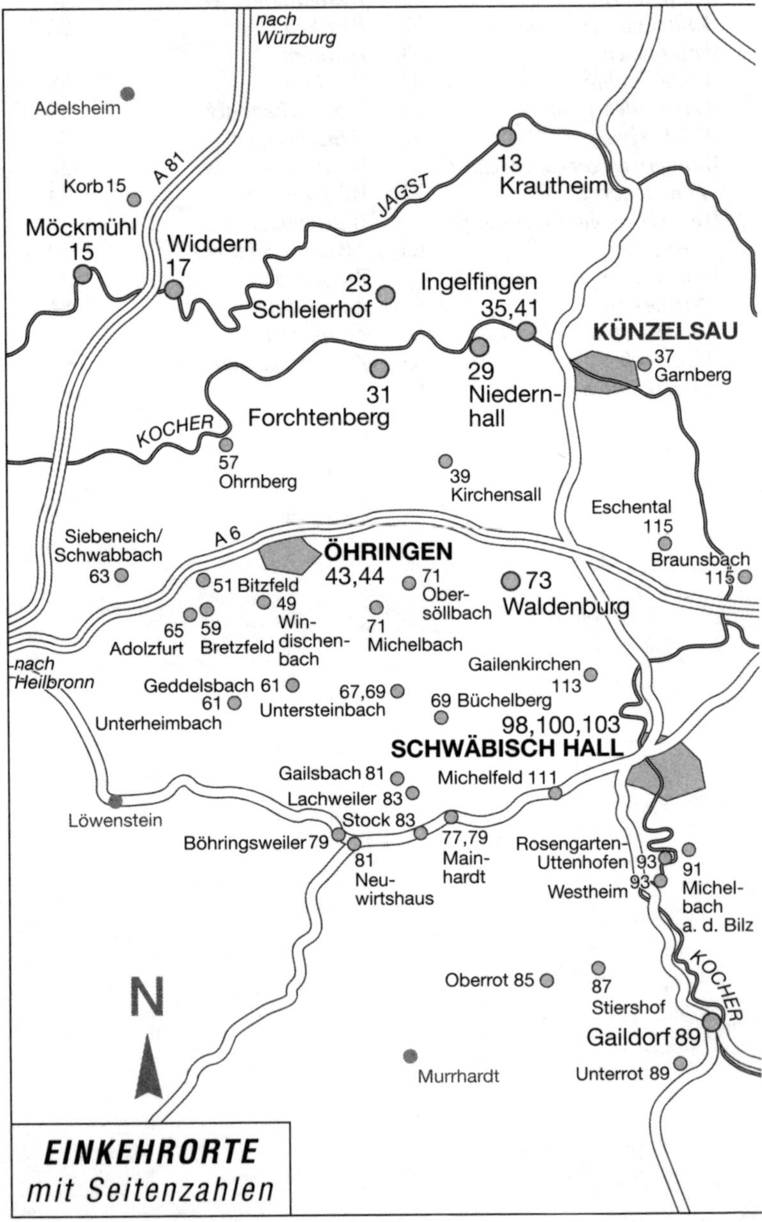

nach Würzburg
Adelsheim
A 81
Korb 15
Möckmühl 15
Widdern 17
JAGST
13 Krautheim
23 Schleierhof
Ingelfingen 35,41
KÜNZELSAU
37 Garnberg
31 Forchtenberg
29 Niedernhall
KOCHER
57 Ohrnberg
39 Kirchensall
Eschental 115
Braunsbach 115
Siebeneich/ Schwabbach 63
A 6
ÖHRINGEN 43,44
51 Bitzfeld
49 Windischenbach
71 Obersöllbach
71 Michelbach
73 Waldenburg
65 Adolzfurt
59 Bretzfeld
nach Heilbronn
Geddelsbach 61
61 Unterheimbach
Untersteinbach 67,69
69 Büchelberg
Gailenkirchen 113
98,100,103
SCHWÄBISCH HALL
Gailsbach 81
Lachweiler 83
Stock 83
Michelfeld 111
Löwenstein
Böhringsweiler 79
81 Neuwirtshaus
77,79 Mainhardt
Rosengarten-Uttenhofen 93
Westheim 93
91 Michelbach a. d. Bilz
Oberrot 85
87 Stiershof
KOCHER
Gaildorf 89
Murrhardt
Unterrot 89
N
EINKEHRORTE
mit Seitenzahlen

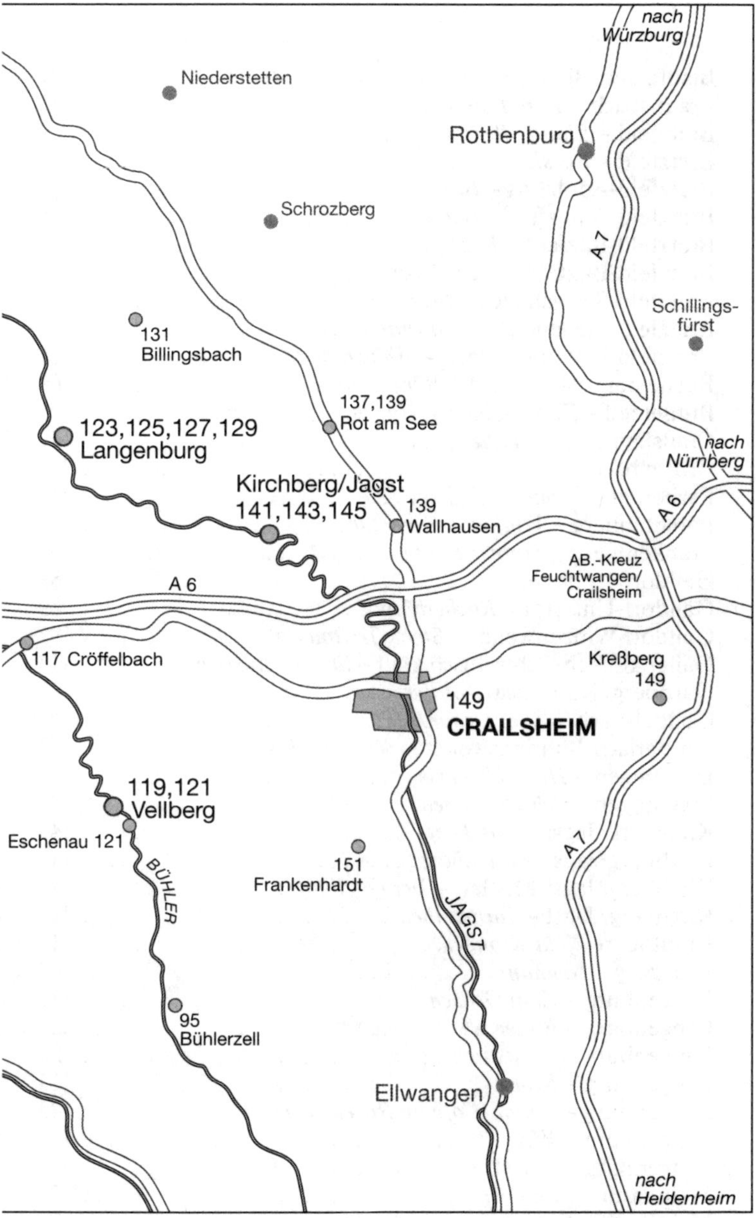
nach Würzburg
Niederstetten
Rothenburg
Schrozberg
A 7
Schillings-fürst
131 Billingsbach
137,139 Rot am See
123,125,127,129 Langenburg
nach Nürnberg
Kirchberg/Jagst 141,143,145
139 Wallhausen
A 6
AB.-Kreuz Feuchtwangen/ Crailsheim
A 6
117 Cröffelbach
Kreßberg 149
149 CRAILSHEIM
119,121 Vellberg
Eschenau 121
A 7
BÜHLER
151 Frankenhardt
JAGST
95 Bühlerzell
Ellwangen
nach Heidenheim

Register der Gasthöfe, Hotels und Restaurants

Die Wanderbuchreihe für Genießer

herausgegeben von Georg Blitz
und Emmerich Müller

Band 1	Remstal, Berglen, Schurwald...	ISBN 3-7956-0209-2
Band 2	Nordschwarzwald	ISBN 3-7956-0208-4
Band 3	Mittelschwarzwald	ISBN 3-7956-0222-X
Band 4	Südschwarzwald	ISBN 3-7956-0225-4
Band 5	Schwäbische Westalb	ISBN 3-7956-0206-8
Band 6	Schwäbische Ostalb	ISBN 3-7956-0207-6
Band 7	Pfälzerwald	ISBN 3-7956-0214-9
Band 8	Bodensee-Oberschwaben	ISBN 3-7956-0236-X
Band 9	Neckarland	ISBN 3-7956-0200-9
Band 10	Hohenlohe	ISBN 3-7956-0201-7
Band 11	Wer recht in Freuden wandern will	ISBN 3-87174-054-3
Band 12	Westallgäu, Oberallgäu	ISBN 3-7956-0202-5
Band 13	Frankenalb	ISBN 3-7956-0211-4
Band 14	Odenwald	ISBN 3-7956-0204-1
Band 15	Chiemgau-Chiemsee	ISBN 3-7956-0212-2
Band 16	Rangau	ISBN 3-7956-0216-5
Band 17	Fränkisches Weinland	ISBN 3-7956-0217-3
Band 18	Fränkisches Seenland mit Altmühltal	ISBN 3-7956-0218-1
Band 19	Spessart	ISBN 3-7956-0219-X
Band 20	Oberpfälzer Jura	ISBN 3-7956-0223-8
Band 21	Oberpfälzer Wald	ISBN 3-7956-0229-7
Band 22	Region Stuttgart	ISBN 3-7956-0233-5
Band 23	Fränkische Schweiz	ISBN 3-7956-0235-1
Band 24	Haßberge, Steigerwald	ISBN 3-7956-0237-8
Band 25	Allgäu/Bayerisch Schwaben	ISBN 3-7956-0234-3
Band 26	Fichtelgebirge	ISBN 3-7956-0243-2
Band 27	Frankenwald	ISBN 3-7956-0246-7
Band 28	Taunus	ISBN 3-7956-0245-9
Band 29	Werdenfelser Land	ISBN 3-7956-0247-5
Band 30	Thüringer Wald	ISBN 3-7956-0250-5
Band 31	Moselland	ISBN 3-7956-0252-1
Band 32	Bayerischer Wald	ISBN 3-7956-0255-6
Band 33	Sauerland	ISBN 3-7956-0256-4
Band 34	Eifel	ISBN 3-7956-0259-9

DREI BRUNNEN VERLAG GmbH & Co., Postfach 101154, 70010 Stuttgart
Telefon 0711/2576010, Telefax 0711/2576217